내 아버지 집에 거할 곳이 많도다

본 도서는 믿음의 기업 국민상조의 후원으로 출판되었습니다.

This Incomplete One

내 아버지 집에 거할 곳이 많도다

상실과 죽음에 대한 기독교적 위로

내 아버지 집에 거할 곳이 많도다

Copyright ⓒ 새물결플러스 2010

Copyright ⓒ 2006 by Wm. B. Eerdmans Publishing Co.
Originally published in English under the title
This Incomplete One: Words Occasioned by the Death of a Young Person by **Michael D. Bush**
Published by Wm. B. Eerdmans Publishing Co.
2140 Oak Industrial Drive NE, Grand Rapids, Michigan 49505, U.S.A.
All rights reserved.

Translated and used by arrangement of Wm. B. Eerdmans Publishing Co.,
through rMaeng2, Seoul, Korea.

Korean Copyright ⓒ 2010 by Holy Wave Plus, Seoul, Korea.

본 저작물의 한국어판 저작권은 알맹2 에이전시를 통하여 Wm. B. Eerdmans Publishing Co.와 독점 계약한 새물결플러스에 있습니다.
신 저작권법에 의하여 한국 내에서 보호받는 저작물이므로 무단전재와 무단복제를 금합니다.

조나단을 추모하며
조 헵번에게

악이 정면으로 공격해 오지 않는 한 우리는 악의 현실을 무시하려는 경향이 있으며, 그래서 악이 정면으로 우리를 공격해 오는 상황을 만나게 되면 깜짝 놀라 미숙하고도 위험하게 반응한다고 톰 라이트는 지적한 바 있다. 믿음의 여정을 걷다 보면 악의 현실을 정면으로 마주할 때가 있다. 그럴 때, 우리는 그동안 믿어 온 모든 것이 한 순간에 무너지는 것 같은 경험을 한다. 이 책에 수록된 설교들은 악의 공격으로 인해 무너진 믿음의 폐허 속에서 찾아낸, 보석 같은 영감과 통찰 그리고 지혜를 담고 있다. 이 설교들을 한데 묶어 준 엮은이에게 깊은 감사를 드린다. 누구에게나 꼭 일독과 사색을 권하고 싶은 책이다.

김영봉 목사_ 와싱톤한인교회

신자란 이 세상이 가치 있게 생각하는 것, 이 세상에서 누리고 있는 것들은 영원한 것이 아니라고 믿고 영원한 가치, 진정한 진리, 참된 생명을 준비하며 그곳을 목표로 향하고 있는, 그곳으로 한 걸음씩 나아가고 있는 사람입니다. 그리고 그런 성도들의 모임인 교회는 우리가 목표로 하고 있는 것이 무엇이며 그 목표를 향해 지금 어떻게 달려가고 있는가를 증거하는 곳입니다. 본서는 그런 종말론적인 신앙을 가진 신자들에게 죽음으로 인한 슬픔과 아픔을 외면하지 않으면서도 신자로 하여금 영원한 가치와 참된 생명에 대한 소망의 근거가 하늘에 있음을 깨닫게 해주는 매우 균형 잡힌 책입니다. 목회자들과 성도들에게 일독을 권합니다.

박영선 목사_ 남포교회

본서를 읽으면서 하늘에 소망을 두라는 뻔한 내용일 거라는 선입견이 허물어졌다. 가장 새로웠던 점은 설교자들이 한결 같이 솔직하다는 사실이다. 미사여구로 죽음의 고통을 피하는 게 아니라 직면하고 있다. 윌리엄 슬로언 코핀 2세는 자기 자식의 장례식에서 말한다. "제 아들은 평소에도 늙은 애비와 게임이나 시합을 할 때마다 지 애비를 이겨야 직성이 풀리더니, 기어이 무덤마저도 저를 앞질러 버렸습니다." 이 구절을 읽으면서 눈물이 났다! 암으로 서른여섯 살에 세상을 뜬 제임스 밴 솔렌 목사는 자신의 죽음을 앞두고 한 설교에서 이렇게 말했다. "솔직히 지난 7개월 동안 저는 너무나 두려웠습니다. 암이 두려웠던 게 아닙니다. 죽음조차도 별로 두렵지 않았습니다…저의 진짜 두려움은 다른 곳에 있었습니다. 이상하게 들리실지 모르겠지만 저는 정말이지 하나님을 만날 일이 두려웠습니다." 이 책은 두 부류의 독자들에게 큰 도움을 준다. 한 부류는 기독교 신앙을 교양이 아니라 자기 운명의 실존에서 진지하게 받아들이려는 사람들이다. 이들은 기독교 신앙의 진수를 여기서 발견할 수 있을 것이다. 다른 한 부류는 성서 텍스트를 삶의 중심에서 역동적으로 해석해 내려는 설교자들이다. 이들은 성서 텍스트에 담긴 놀라운 세계가 설교자에 의해서 어떻게 창조적으로 열리는지를 발견할 수 있을 것이다.

정용섭 목사_ 대구성서아카데미

차
례

서문   11

감사의 글   15

편집자 서문   17

1. 머물다 간 자리   ·   크레익 반즈   21
2. 청년 바르트의 죽음   ·   칼 바르트   27
3. 이별이 남긴 슬픔과 분노   ·   데이비드 바틀렛   41
4. 압살롬, 내 아들 압살롬아   ·   로널드 바이알스   49
5. 우리의 기대와 하나님의 기적   ·   존 클레이풀   57
6. 알렉스의 죽음   ·   윌리엄 슬로언 코핀 2세   81
7. 믿음과 소망 그리고 사랑   ·   스티븐 데이비스   91
8. 내 평생에 가는 길   ·   하워드 에딩턴   99

9. 주님과 함께 거하다 · 조나단 에드워즈   115
10. 최후의 원수 · 로라 멘든홀   149
11. 너의 무덤 곁에 서서 · 제프리 뉼린   161
12. 죽음보다 강한 · 잭 로다   177
13. 다가오시는 하나님 · 플레밍 럿트리지   185
14. 나다나엘의 무덤 앞에서 · 프리드리히 슐라이어마허   195
15. 아이들이 춤추는 곳 · 필립 터너   205
16. 죽음이 안겨 준 경이 · 제임스 벤 솔렌   211

:: 서문 ::

이 책에 있는 설교들은 죽음이라는 가장 끔찍한 고통 속에서 행해졌던 것으로, 이 설교들에서 우리는 무미건조한 수사(修辭) 같은 것은 전혀 찾아볼 수 없습니다. 이들의 언어는 철저하게 절제되어 있고, 감동적이며 그리고 기독교적입니다.

이 설교들은 우리가 몸을 입은 존재로 창조된 것, 즉 하나님이 육체로 창조한 인간을 보시며 아름답다 하신 선언을 전적으로 받아들이고 있습니다. 여기에 수록된 그 어떤 설교도 인간을 이 땅에서의 삶과 유리된 영적인 존재로 간주하지 않습니다.

이 설교들은 자식을 향한 부모의 위대한 사랑을 전적으로 긍정합니다. 자녀의 죽음을 지나치게 슬퍼하는 것은 예수를 믿는 사람들이 할 일이 아니라고 말하지 않습니다. 오히려 이러한 애도와 슬픔은 정당한 것이며, 가치 있는 것이라고 말합니다. 그리스도인에게 죽음은 그렇게 나쁜 것이 아니기에 무작정 슬픔을 극복해야 한다고, 이미 지나간 것은 잊어버리라고 말하지도 않습니다.

어떤 설교도 갑작스런 죽음에 하나님의 뜻이 있을거라고 말하지도 않습니다. 이 설교자들은 이런 죽음은 하나님의 세계에서 무언가가 잘못된 것이고 뒤틀려진 비정상적인 것이라고 말합니다. 그래서 이들은 예언자 이사야와 함께 "날 수가 많지 못하여 죽는 유아와 수한이 차지 못한 노인이 다시는 없을"(사 65:20) 메시야의 시대를 간절히 바라고 있습니다.

이 설교들은 하나님이 그저 막연히 인류가 번성하길 원하시는 것이 아니라 한 사람 한 사람, 우리 개개인이 이 땅에서 그 수명을 다 채우고 번성하길 원하신다는 성경의 선언을 확증합니다. 아흔아홉 마리 양이 우리에 있을 때에라도 목자는 잃어버린 한 마리 양에 관심을 두고 찾아 나서는 것처럼 말입니다.

그러나 이 설교들은 여기서 멈추지 않습니다. 그래서 더욱 기독교적입니다. 설교자 모두가 말씀을 통해 비통에 잠긴 부모와 형제와 친척들과 동료들이 들어야 할 권면의 말씀을 찾습니다. 그들이 말씀을 통해 찾은 것들은 놀라우리만치 다양합니다.

이 설교들에는 두 가지 중요한 주제가 반복됩니다. 하나는 어린아이 또는 젊은이의 짧은 생으로 인한 슬픔을 넘어서, 그들 가운데 머물렀던 아이의 존재에 대한 감사입니다. 그 아이들은 하나님의 선물이었습니다. 슬픔은 결코 감사를 이기지 못합니다. 다른 하나는 죽음이 끝이 아니라는 사실입니다. 여기에 수록된 모든 설교자들은 이 사실을 확언합니다. 우리는 슬퍼할 수 있습니다. 그러나 소망이 없는 사람처럼 행하지는 않습니다. 그럼에도 불구하고 죽음이 끝이 아니니 슬퍼하지 말라고 강요하지 않습니다. 슬픔이 소망을 집어삼키지는 못하지만 소망이 슬픔 자체를 부정하지는 않기 때문입니다.

    편집자 마이클 부쉬는 어린 나이에 죽음을 맞은 이들의 장례식 때 행해진 여러 목사들의 설교를 살펴보고 비기독교적이거나 반(半)기독교적인 설교, 유사 기독교적이거나 철저하게 세속적인 설교들 중에서 커다란 슬픔 가운데서도 소망을 확신케 하는 기독교적인 설교들을 추려내는 힘들고 귀중한 일을 완수해 냈습니다.

니콜라스 월터스토프

:: 감사의 글 ::

먼저, 인생의 가장 고통스럽고 힘든 시기에 다른 이들의 유익을 위해 이 책의 출판을 기꺼이 허락해준 관계자 분들과 목회자들에게 감사를 드린다. 본서에 실린 설교의 대부분은 저자의 허락과 동의를 받고 출판한 것이다. 크레익 반즈의 "머물다 간 자리", 데이비드 바틀렛의 "이별이 남긴 슬픔과 분노", 로널드 바이알스의 "압살롬, 내 아들 압살롬아", 존 클레이풀의 "우리의 기대와 하나님의 기적", 윌리엄 슬로언 코핀 2세의 "알렉스의 죽음", 스티븐 데이비스의 "믿음과 소망 그리고 사랑", 하워드 에딩턴의 "내 평생에 가는 길", 로라 멘든홀의 "최후의 원수", 제프리 뉼린의 "너의 무덤 곁에 서서", 잭 로다의 "죽음보다 강한", 플레밍 럿트리지의 "다가오시는 하나님" 그리고 필립 터너의 "아이들이 춤추는 곳" 등이 그것이다.

칼 바르트의 "청년 바르트의 죽음"은 취리히 신학교 출판부의 허락을 받아, 얼스킨 신학교의 동료 리차드 버넷 박사가 번역해 주었다.

조나단 에드워즈의 "주님과 함께 거하다"는 예일대학교의 조나단 에드워즈 프로젝트팀으로부터 허락을 받아 출판된 것으로 책임자 케네스 민케마가 요약, 정리한 것이다.

프리드리히 슐라이어마허의 "나다나엘의 무덤 앞에서"는 시카고 대학교 출판부와 번역가 앨버트 블랙웰의 허락을 받아 출간하게 되었다.

마지막으로 제임스 밴·솔렌의 "죽음이 안겨 준 경이"는 「크리스채너티 투데이」에 실렸던 설교로 해당 잡지사의 허락을 받은 것이다.

다시 한 번, 본서의 출간에 도움을 준 모든 분에게 깊이 감사를 드린다.

:: 편집자 서문 ::

편집자의 가장 큰 임무는 독자들에게 그들의 손에 들려있는 것을 설명해 주는 것이라는 이야기가 있다. 그 이야기에 따르면, 이 책을 집어든 독자들에게 본서의 편집자로서 내가 해주어야 할 설명이란 다음과 같은 경고일 것이다. 당신의 손에는 지금 아픔이 들려 있다. 그러나 거기에는 소망이 담겨 있기도 하다. 하지만 그 소망은 소리 내지 않는다. 아픔이 큰 소리를 내고 있는 동안 소망은 침묵하고 있다.

　설교자들은 어린 나이 또는 젊은 나이에 세상을 떠난 이들 앞에 있는 회중들에게 하나님의 말씀을 전해야 할 책임이 있다. 그러나 이런 상황에서 무언가를 말해야 한다는 게 부질없어 보이고, 무의미한 것 같은 느낌을 받는 설교자들이 많다. 본서는 그런 절박한 상황에 처한 설교자와 그리스도인을 위한 책이다. 기독교 신앙에서 하나님의 말씀이 무기력한 것처럼 느껴지는 것은 의심에 의해 기습적으로 공격을 받았다는 뜻과 같다.(어린아이의 죽음 앞에서 그런 일들이 대체로 일어난다) 그럼에도 불구하고 아무리 절박한 순간이라도 우리는 요한복음의 진술처럼 말씀이 하나님과 함께 계셨고, 그 말씀이 영원 가운데 그리고 육체로 우리 중에 거하셨다고 말할 수 있어야 한다. 이 말씀이 무슨 의미인지를 정확히 아는 것은 중요하다. 그 말씀은 하나님이셨지만 인간으로 오셨고, 젊은 나이에 죽으셨으며, 사고에 의한 것이든 노환에 의한 것이든 그것이 어떤 형태든 죽음이 인생의 마지막이 아니라는 것을 보여 준 분이 계신다는 뜻이다. 평상시 같으면 그리 대수롭지 않게 들릴 이 말씀은 우리가 상상하는 것보다 훨씬 중요한 뜻을 담고 있다. 우리는 이 책의 설교자들이 그랬고 또 모든 설교자들과 성도들이 그랬듯이, 그 설교 안에 담겨 있는 하나님의 말씀으로 인해 하나님을 신뢰해야 한다.

이 책에 소개된 설교들은 몇 가지 방법으로 구분되고 분류될 수 있다. 그 중 바르트, 슐라이어마허, 에드워즈의 설교는 당대 최고의 신학자들에 의해 행해진 설교로 역사적 중요성을 지니고 있다. 특히 바르트의 설교는 독일어권 외에서는 처음으로 번역, 출판되어졌다는 점에서 그렇다. 설교 중 다섯 편의 설교는 설교자가 자기 자식의 장례식에서 행한 설교이며, 또 한 설교는 자신의 죽음을 눈앞에 두고 작성한 설교다. 생명은 동일하게 중요한 것이라는 생각에 설교들을 설교자의 알파벳 이름 순서대로 정리했다.

어떤 면에서 이 책은 완벽한 설교집이 아니다. 설교자 대부분이 장로교 목사들이며 남성들이고 백인들로 한정되어 있기 때문이다. 그러나 나는 이런 결점들로 아쉬워하기보다는 도리어 그 안에 있는 다양함에 감사하기로 했다.

여기서 추모되는 이들은 갓 태어난 신생아로부터 삼십 대에 이르기까지 다양하지만 그 대부분은 유아와 어린아이들이다. 우리는 이 아이들이 그 수명을 다했다고 감히 말할 수 있을까? 하나님이 살아 계시고, 선하시며, 지금도 역사하신다는 것을 믿는다면 분명히 그럴 것이다. 그렇다고 이 말이 우리가 한 사람의 생명을 언제나 고통스러운 불완전함으로 경험할 수밖에 없다는 뜻은 아니다. 이것에 대해 칼 바르트는 "불완전한 자들마저 완성될 것"이라고 말한 바 있는데, 이 책의 원서 제목이 바로 여기에서 나온 것이다.

설교들을 분석하고, 해석하며, 비교하고, 설명하려는 유혹들로 편집 과정 내내 괴로웠다. 그러나 난 그 유혹들에 맞서 각 설교들 앞에 설교자들에 대한 짧은 소개와 설교의 의도, 고인에 대한 설명을 요약한 서문 정도만 싣기로 했다. 책에 대한 소개는 이 정도로 하고 독자들로 하여금 직접 설교들을 듣고 설교자들과 대화할 수 있도록 하자.

머물다 간 자리

크레익 반즈

이 설교는 크레익 반즈 목사가 태어난 지 3주 만에 세상을 떠난 갓난아기, 케이시 윌리엄 앨리의 장례식에서 행했던 설교다. 이 설교는 신중한 단어 선택과 조합을 통해 그리스도인의 소망을 선포하고 있다. 간결한 형태를 취하면서 동시에 놀라운 하나님의 사랑과 그 사랑의 능력 안에 거하는 그리스도인이 지녀야 할 믿음을 명확히 제시하고 있는 뛰어난 설교다.

    크레익 반즈는 평생에 걸친 묵상과 날카로운 신학적 성찰을 통해 성경의 깊은 곳에서 길어낸 생명력 있는 말씀으로 많은 목회자들과 성도들에게 힘과 위로는 주는 설교가로 잘 알려져 있다. 현재는 피츠버그 신학교 교수로 재직 중이며 피츠버그에 위치한 쉐이디사이드 장로교회에서 목사로 섬기고 있다. 본 설교는 그가 위스콘신 주 매디슨에서 사역할 당시에 행해진 것이다.

머물다 간 자리

내가 확신하노니 사망이나 생명이나 천사들이나 권세자들이나 현재 일이나 장래 일이나 능력이나 높음이나 깊음이나 다른 어떤 피조물이라도 우리를 우리 주 그리스도 예수 안에 있는 하나님의 사랑에서 끊을 수 없으리라.

로마서 8:38-39

오늘 말씀은 "어떤 피조물이라도 우리를 우리 주 그리스도 예수 안에 있는 하나님의 사랑에서 끊을 수 없다"고 단언하고 있습니다. 하나님의 약속들이 모두 그러하듯이 이 말씀 역시 우리가 믿음으로 받아들일 때 진정한 가치를 발휘하게 됩니다. 특별히 지금처럼 우리 앞에 놓여있는 작은 관을 대하게 될 때 더욱 그렇습니다.

오늘은 결코 쉬운 날이 아닙니다. 우리 중 누구도 케이시가 살아 있는 동안에 그 아이와 나누었던 기쁨이나 추억에 대해 이야기할 수 없습니다. 케이시가 얼마나 오랜 시간 동안 가족과 이웃들을 성심껏 섬겼는지를 알리는 조문(弔文)조차 쓸 수 없습니다. 그 아이가 생전에 이룬 업적을 기리며 칭송할 수도 없습니다. 왜냐하면 태어난 지 겨우 3주라는 너무 짧은 시간에 우리는 케이시를 하나님께 돌려보내게 되었기 때문입니다.

돌려보낸다…. 사실 이 말조차 적당하지 않습니다. 오늘 이 자리에 모인 우리는 아직 이 아이를 보낼 준비가 되어 있지 않았고 너무나 사랑스럽고 소중했던 한 아기를 잃은 슬픔에 여전히 무방비로 노출되어 있기 때문입니다.

그토록 짧은 시간에 우리가 이 아이를 얼마나 깊이 사랑하게 되었지를 생각해 보면 정말 놀랍습니다. 하루라도 더 생명을 연장하기 위해 안간힘을 쓰는 케이시의 모습을 지켜보면서, 우리는 그 작은 몸 안 어디에 그런 용기와 끈질긴 생명력이 숨어 있었는지 경이롭기까지 했습니다.

케이시는 우리에게 새로운 아침을 맞을 수 있는 것이 얼마나 큰 축복인지를 가르쳐 준 아이였습니다. 너무나 짧았지만 용기로 가득 찼던 그 아이의 삶은 전심을 다해 우리에게 이렇게 외치고 있습니다. 단 하루라도 무의미하게 살지 말라고 말입니다. 케이시는 하나님이 우리의 삶에 베풀어 주신 은혜였습니다. 세상의 그 어떤 것으로도 우리에게서 끊어버릴 수 없는 그런 은혜였습니다. 죽음조차 말입니다. 그러나 이 진리를 믿음으로 받아드릴 것이냐 아니면 거부할 것이냐 하는 선택은 우리에게 달려 있습니다.

오늘 이 갓난아이의 죽음을 추모하는 이 슬픔의 자리가 믿음을 잃어버리는 더 큰 비극을 초래하는 자리가 되지 않기를 바랍니다. 예배시간마다 우리는 얼마나 많이 "전능하사 천지를 만드신 하나님 아버지를 믿사오며…성도가 서로 교통하는 것과 몸이 다시 사는 것과 영원히 사는 것을 믿사옵나이다"라고 고백해 왔습니까? 이 고백은 바로 오늘을 위해 준비했던 것입니다. 믿음만이 우리를 지탱할 수 있는 날이 언젠가 올 것이라는 사실을 알고 있었기에, 우리는 예배당에 모여 우리의 믿음을 확인해 왔던 것입니다.

오늘이 바로 그날입니다. 깊은 슬픔과 풀리지 않는 질문들로 인해 생긴 난관은 오직 믿음으로 극복해 나갈 수 있습니다. 혹 여러분에게 그럴만한 충분한 믿음이 없다면 공동체의 믿음에 기대십시오. 그러나 하늘에 계신 아버지가 케이시를 그분의 영원한 품안에 안으셨다는 믿음 없이 이 슬픔을 이겨낼 수 있으리라고는 생각도 마십시오. 믿음이 아니고서 우리는 결코 이 상실감을 이겨낼 수 없습니다.

하나님의 은혜를 신뢰하는 우리의 믿음의 결단은 이 슬픔을 극복할 수 있도록 도울 뿐 아니라 우리가 케이시와 함께 보냈던 3주라는 소중했던 시간에 대해서 감사를 드리게 합니다. 다시 한 번 말씀드리지만, 이 믿음의 결단은 여러분 스스로가 해야 할 선택이며, 어쩌면 이 선택이야말로 여러분 생애에서 내릴 수 있는 가장 중요한 선택일 것입니다. 다시 한 번 말씀드립니다. 이 길만

이 여러분이 살 수 있는 길입니다. 여러분이 이 비극을 원망하며 지내기로 선택한다면 여러분의 마음은 점차 어두워질 것이며 마침내 그 어떤 것도 사랑할 수 없는 지경에 이를 것입니다. 그러나 여러분이 케이시로 인해 받게 된 선물들에 대해 하나님께 감사하기로 한다면, 그 갓난아이가 남기고 간 여리고 부드러운 마음을 여러분의 마음속에서 발견할 수 있게 될 것입니다.

그 아이의 작은 침대를 가득 채우고도 남을 엄마와 아빠 그리고 가족과 친구들의 사랑으로 인해 감사하십시다. 케이시의 생명을 하루라도 더 연장시키기 위해 백방으로 노력했던 의사들과 간호사들의 헌신으로 인해 감사하십시다. 어린 아기들 안에서 우리를 향한 그분의 사랑을 보여주시기를 기뻐하셨던 하나님께 감사하십시다. 이 연약한 생명 싸개 안에 담겨있던 그 영원한 사랑으로 인해 감사하십시다.

그런 의미에서, 오늘은 생명의 축제가 될 수도 있습니다. 오늘 우리는 케이시를 상실했다는 분노가 아니라 오히려 이 사랑스러운 사내 아기로 인해 감사드릴 수 있게 될 것입니다. 비록 케이시가 우리 곁에 머물다 간 3주라는 시간은 케이시를 충분히 알기에는 턱없이 부족한 시간이었을지 모르지만 이 아이로 인해 하나님께 감사할 수 있기에는 충분한 시간입니다. 그 잠깐의 시간 동안 우리는 케이시를 통해 하나님의 사랑을, 하나님으로부터 우리를 결코 떼어낼 수 없는 그 사랑을 희미하게나마 경험할 수 있었기 때문입니다.

청년 바르트의 죽음

칼 바르트

칼 바르트는 교회 역사상 가장 탁월한 신학자 중 한 명으로 손꼽히는 20세기 신학자다. 그는 자기 당대의 교회를 향해서 뿐 아니라 시대를 초월해 모든 시대의 교회들을 향해 말했던 몇 안 되는 위대한 신학자였다.

이 설교는 그가 1941년 6월 25일, 스위스 부벤도르프에서 자신의 둘째 아들 로베르트 마티아스 바르트의 장례식 예배 때 한 것이다. 나흘 전 마티아스는 알프스 산맥을 등반하던 중 추락사 하였는데, 당시 그의 나이는 스무 살이었다.

이 설교문은 아들을 잃은 슬픔 중에서도 결코 흔들리지 않았던 바르트의 개인적인 믿음을 보여줄 뿐 아니라 견고한 그의 신학을 명쾌하게 보여주고 있다는 점에서 무척 중요하다. 바르트의 성숙한 신앙관과 그의 신학의 핵심요소(이 설교에서는 "지금"과 "그때"의 변증법적 이해)들이 슬픔의 절정 속에서 잘 드러나 있다. 우리는 이 설교에서 성경이 말씀하시는 증언에 귀를 기울이려는 그의 결단을 엿보게 된다. 또한 우리는 그의 설교에서 모든 현실을 이해할 수 있는 참된 열쇠는 예수 그리스도에게 초점을 맞출 때에야 가능하다는 주장을 발견한다. 이 얼마나 칼 바르트다운 설교인가!

　이 설교문을 독일어에서 번역하는 과정에서 원문의 내용에 충실하기 위해 고린도전서 13장 12절의 관용어 표현을 그대로 두었다. 그 부분을 영어식으로 옮기면 설교의 일부분은 앞뒤가 맞지 않게 되기 때문이다. 참고로 새개정성경(NRSV)에서 "우리는 거울을 통해 희미하게 봅니다"라고 번역된 이 구절을 바르트는 "수수께끼 같은 말씀 속에서 거울을 통해 보는 것 같으나"라고 표현했다.

　바르트는 독일의 개혁파 목사로 1, 2차 세계 대전 전후로 제네바와 독일에서 교수 생활을 했던 기간을 제외하면 일생의 대부분을 스위스의 바젤에서 보냈다. 설교 당시 그는 바젤 대학교에서 교의학을 강의하고 있었다.

청년 바르트의 죽음

우리가 지금은 수수께끼 같은 말씀 속에서 거울을 통해 보는 것 같으나 그때에는 얼굴과 얼굴을 대하여 볼 것이요.

고린도전서 13:12

제가 오늘 이 말씀을 선택한 이유는 이 말씀이 제 아들 마티아스가 특별한 관심을 가졌던 첫 번째 성구였기 때문입니다. 이 성구는 마티아스가 매일 대하던 노(老) 신학자[1]의 그림 밑에 새겨 있던 말씀입니다. 우리가 독일 본에 살고 있을 당시 마티아스는 어린 학생이었습니다. 어느날 저는 우연히 그 애가 이 구절을 라틴어로 필기해 묵상하고 있음을 알게 되었습니다. *Videmus nunc per speculum in aenigmate, tunc autem facie ad faciem*(지금은 우리가 수수께끼 같은 말씀 속에서 거울을 통해 보는 것 같으나, 그때는 얼굴과 얼굴을 대하여 볼 것이라).

우리는 이제 막, 처참하게 부서진 마티아스의 유해가 마지막 안식을 취한 무덤에서 돌아왔습니다. 그리고 그 아이의 짧은 생애에 대한 조사(弔謝)를 들었습니다. 이제 우리는 우리에게 무슨 일이 일어난 것인지를 마티아스와 그 아이의 이름을 다시 부를 수 있기를 간절히 바라는 우리들을 위로하시고 자유케 하시는 하나님의 말씀 안에서 살펴보기 원합니다. "우리가 지금은 수수께끼 같은 말씀 속에서 거울을 통해 보는 것 같으나 그때에는 얼굴과 얼굴을 대하여 볼 것이요"라는 구절은 지금 우리에게 매우 적절한 말씀입니다.

"지금"과 "그때" 모두 참입니다. 그렇기 때문에 하나님은 주 예수 그리스도를 통해 우리가 이 모든 소망과 약함, 비밀을 가지고 있든지, 또 이것을 제대로 이해했는지 여부와 상관없이 우리를 도우실 것입니다. 지금과 그때는 서로 깊이 연결되어 있는 불가분의 관계입니다. "지금" 뿐 아니라 "그때"! 이 둘은 나누어지는 것이 아니라 완전히 하나입니다. 우리는 지금 우리에게 일어나고 있는 일들을 이해하고 있다고 생각하지만, 실상 우리는 진정한 현실을 알지 못합니다. 모든 일을 명확히 깨달을 수 있으며 모든 것이 영광스러워지는 것을 볼 수 있는 것은 그때에야 가능합니다. "지금" 우리에게 주어지는 대답은 사물을 거꾸로 보이게 하는 거울처럼 수수께끼 같겠지만 "그때"에는 하나님이 우리를 아시는 것처럼 우리도 그분을 알게 될 것입니다.

지금과 그때, 이 둘이 분리할 수 없는 이런 방식으로, 즉 천상과 지상의 어떤 세력도 분리할 수 없는 방식으로 엮인 것은 우리 주 예수 그리스도의 은혜에 의한 것입니다. 왜냐하면 십자가에서 비참하게 죽으시고, 영광 가운데 부활하셔서, 지금처럼 희미한 거울이나 수수께끼 같은 말씀이 아니라 나중에 얼굴과 얼굴을 마주해 보는 듯한 명백함을 주시며, 지금과 그때를 함께 묶으신 이가 예수 그리스도이시기 때문입니다. 장차 우리가 접하게 될 하나님의 찬란한 영광의 광채들은, 현재 우리가 풀기 위해 애쓰고 있는 수수께끼 같은 이미지를 올바르게 교정해 줄 눈부신 광채입니다.

현재 우리가 주 예수 그리스도를 따르는 가운데 그분과 함께 "지금"과 "그때"가 교차하는 접경지역에 서 있는 것은 우리로 하여금 이 경계선에 서서 믿음과 사랑, 소망을 가지도록 하시려는 그분의 은혜입니다. 이 접경은 빛이 어둠 위를 비추는 곳, 죽음의 목전에서도 생명으로 인해 기뻐날 뛸 수 있는 곳, 죄인이지만 의롭다 칭함을 받는 곳, 포로로 잡혀있지만 자유로운 곳, 길이 보이지 않는데도 오히려 소망을 품게 되는 곳, 의심 중에도 확신을 얻게 되는 곳, 비통한 가운데서도 기뻐할 수 있는 곳, 바로 그런 곳입니다.

마티아스를 생각할 때, 우리는 바로 이 접경지역 외의 다른 어느 장소에도 우리 자신을 두기를 원하지 않습니다. 그 아이는 이 경계선을 넘어갔지만 우리는 아직 이쪽 편에 서 있습니다. 그러나 우리가 이 접경지역에 서 있다고 해서 우리가 마티아스로부터 멀리 떨어져 있는 것은 아닙니다. 우리 눈에 그 거리가 얼마나 멀리 있는 것처럼 보이든지, 예수 그리스도 안에서 "지금"과 "그때", 이 둘 사이에는 조금의 거리도 없습니다. 지금 우리 마티아스는 여전히 예수 그리스도 안에 있습니다. 그러나 그 아이는 지금 우리의 모습이나 그 아이의 생전의 모습과는 전혀 다른 모습으로 살아 있습니다. 마티아스는 변함이 없는 동시에 완전히 다르게 변화되었습니다. 이렇게 예수 그리스도께서 생명과 죽음, 죽음과 생명 양쪽 모두에 대해 가르쳐 주셨으므로 우리는 마티아스를 기억하며 그 아이에 대해 이야기 할 수 있는 것입니다.

　물론 마티아스도 영적인 일뿐 아니라 이 세상의 인간적인 일들을 "수수께끼 같은 말씀 속에서 거울을 통해 보는 것 같이" 보았습니다. 모든 일들은 그 아이를 상상의 세계에 젖어들게 했고 마티아스의 독특한 열망은 때로는 장엄하고 때로는 역설적인 역사적 인물이나 사건들의 내면, 외부세계의 표상을 통해 나름대로 해답을 구하게 하곤 했습니다. 어린아이 때부터 지녔던 모험심은 그 아이로 하여금 시간과 공간을 잊어버리게 하곤 했습니다. 이 열정은 학업에서 선두를 달리게 하는 계기가 되기도 했습니다. 마티아스는 또래 친구들을 통해 얻게 되는 기쁨이나 실망에도 깊은 관심을 가지곤 했습니다. 그 아이를 산으로 이끌었던 것도 바로 그 열정이었습니다. 그 아이의 생각이나 의도했던 모든 일들은 항상 현실과는 어느 정도 차이가 있었습니다. 마티아스는 빠른 두뇌회전에도 불구하고 늘 아이 같은 생각을 멈추지 않았습니다. 흡사 그에게 주어진 능력과 가능성들을 바깥 세계의 주어진 임무와 사람들을 통해 실험하고 있는 것처럼 말입니다.

　마티아스는 신학을 마치 모든 학문의 기본 토대인 것 같은 자세로 대했습니다. 마티아스의 염원과 소망, 또 무엇보다도 신학과 목회에서 증명되었어야 할 가능성에 대해 그 아이는 분명한 생각을 가지고 학문에 임했던 것입니다. 어쨌든 현세의 모순과 소요와 요구들이 그 아이에게는 다소 이질적으로 느껴졌고, 어떤 면에서는 적개심마저 지니게 했는데, 그런 사실을 생각해 볼 때 이 아이는 우리가 살고 있는 지금 이 20세기보다는 19세기 초에 더 잘 어울리지 않았나 하는 생각이 듭니다.

　그러나 분명 마티아스에게는 거울이나 수수께끼 같은 말씀을 넘어서 "그때"가 이미 "지금"과 같았습니다. 지금 그 아이는 자신이 분명히 보고 싶고 알고 싶었던 것, 즉 하나님과 모든 일들에 대해서 얼굴과 얼굴을 맞대고 하나님이 영원 전부터 그 아이를 아셨던 것처럼 그것을 보고 있습니다. "예수님의 팔과 무릎 위에서"[2] 이 아이는 아비나 형제들보다도 더 잘 알게 된 것입니다. 그 아이가 요셉처럼 이 삶의 참된 현실을 꿈꿔왔던 걸까요?(창 37:6) 아니면, 그 아이를 "순진한 바보"[3]로 여겼던 우리가 맞았던 걸까요? 그것에 대해 우리는 알 수 없고 또 알 필요도 없습니다. 그러나 이것 하나는 분명합니다. 우리가 "지금"과 "그때"가 만나는 경계선에 예수 그리스도와 함께 서 있다는 것입니다. 우리 마티아스를 생각할 때, 이곳에서는 그에게 이 모든 일들이 막연했었지만 거기서는 참된 영광만이 그의 눈을 가득 채울 것이라는 사실을 우리는 알게 됩니다. 지금 우리는 마티아스가 언제나 바랐지만 결코 채워지지 않았던 것을 여전히 보고 있습니다. 그러다가 갑자기 번쩍하면서 눈부신 광선이 우리의 눈을 사로잡을 것입니다. 그때 우리 눈은 지금 여기서 우리가 서로 얼굴과 얼굴을 맞대고 보고 있는 것과 동일하게 그 아이를 보게 될 것입니다. 저는 우리가 그때 그 아이와 함께 모두 즐거워하게 되기를 바랍니다. 그러나 지금 우리는 그 아이가 그곳에서 우리와 전혀 다르게 볼 수 있다는 사실에 기쁠 뿐입니다.

마티아스는 희미한 거울과 수수께끼 같은 말씀처럼 처신하곤 했습니다. 자신이 정말 원하는 것이 무엇인지 분명히 표현하진 않았지만, 그 아이는 불편한 것에 쉽게 적응하거나 그것을 간단히 받아들이지 못했습니다. 자신이 보기에 명쾌하지 않은 계획들에 대해서도 마찬가지였습니다. 그 아이가 학교 문제에 대해 어떤 협정을 맺어야 할 때 그 일을 쉽게 처리하지 못한 것이 그 예입니다.

마티아스는 어렸을 때, 집에서 했던 한 연극에서 "방랑자" 역을 맡은 적이 있습니다. 그 아이가 맡은 역할은 아버지의 커다란 지팡이와 모자를 쓰고 무대 위를 가로질러 사라지는 것이었습니다. 그 아이를 잘 알고 있던 가족들과 관람객들은 그가 무대 저편으로 사라지기 위해 방랑자로 분장한 모습을 하고 걸어오는 것을 지켜봤습니다.

아직도 제겐 자기 힘에 벅찬 산행 길을 가벼운 발걸음으로, 어떤 위험도 아랑곳하지 않는 새끼 염소처럼 바위 사이를 껑충껑충 뛰어다니며 따라오던 아홉 살짜리 아이의 모습이 눈에 선합니다.

그 아이는 집처럼 편안한 곳에서조차 늘 어딘가에 멀리 떨어져 있는 것처럼 보였습니다. 저는 그 아이를 완전히 이해한다고 자신 있게 말할 수 있을 사람이 많지 않다고 생각합니다.

얼마 전, 그 아이는 저에게 "아버지, 저한테는 정말 내놓을 만한 인생 경험이라곤 없는 것 같아요!"라고 자신을 내비쳤던 적이 있습니다. 그 아이에게는 자기 나이 또래 아이들과 비교해 더 풍부했던 학문에도 불구하고 정말 이렇다 할만한 인생의 경험이 없었습니다. 아마도 이것이 우리들이나 다른 이들이 마티아스를 이해하기 힘든 이유였는지도 모릅니다. 마티아스는 희미한 거울이었으며 수수께끼 같았습니다. 우리는 그 아이가 군대 생활을 통해 어쩌면 세상을 더 잘 이해하고 좀더 가까이 할 수 있는 사람이 되지 않을까 기대하면서도, 다른 한편으론 이 강압적 과정이 그 아이에게 예기치 못했던 영향을 미치게 되지는 않을까 걱정하곤 했습니다. 하지만 그런 기대나 걱정도 지금은 아무 소용이 없게 되었습니다. 그 아이는 자신의 "지금"을 자신이 시작했던 대로 끝내도 좋다는 허락을 받았습니다. 좀더 정확히 말하자면, 그의 "지금"은 그의 뒤로 닫혀 버렸고 갑자기 그 아이의 생은 "그때"로 넘어가 버렸기 때문에 이제 우리는 그 아이를 곤란하게 만들었던 여러 일들에 대해 더 이상 신경 쓸 필요가 없게 되었습니다.

우리 마티아스와 그 아이의 신비롭고도 짧은 방랑의 길을 진정으로 이해하기 위해, 우리를 놀라게 한 그 아이의 여행의 시작과 끝을 참되게 이해하기 위해, 우리가 할 수 있는 일은 그 아이를 위하여 십자가에서 돌아가시고 부활하신 주님을 인정하는 것 말고는 아무것도 없습니다.

그 아이가 자신과 우리 주님의 눈부신 부활의 광채 속으로 똑바로 걸어 들어가 우리 눈앞에서 사라져 버렸기 때문에 우리는 더 이상 그 아이와 그 아이에 대한 놀라운 일들을 보지 못합니다. 우리는 이 눈부신 광채를 볼 수 없기 때문에 우리의 마티아스가 누구였고 어떤 사람이었는지 더 이상 알 수 없게 되었습니다. 인생의 경험이 일천했던 우리 마티아스를 위해 하나님의 아들이 대신 자신을 내주셔서 멸망하지 않고 영생을 얻게 하셨던 것입니다 (요 3:16). 이것은 진실이며, "그때"는 바로 마티아스를 위한 것이었습니다. 만약 우리가 이 사실을 알고 기억한다면, 우리가 만약 그 아이를 그곳에서 찾는다면, 지금이라도 우리는 우리가 필요한 만큼 그를 이해할 수 있을 것입니다. 이 모든 일에도 불구하고 우리가 그 아이를 시작부터 끝까지 있는 그대로 사랑했던 것은 그리 놀라운 일이 아닙니다. 우리는 지금도 우리의 기억 속에 자리한 그 아이를 사랑하고 있으며 앞으로도 계속 그러할 것입니다.

솔직히 이 세상에서의 그 아이의 끝은 너무나 갑작스러웠습니다. 이것은 또 하나의 희미한 거울, 특별히 고통스럽고 끔찍한 종류의 수수께끼입니다. 그 아이는 마지막 여름 여행을 스위스의 산으로 떠났고, 다시는 돌아오지 못했습니다. 우리에게 또 하나의 커다란 수수께끼가 던져진 지난 6월 22일(2차 세계대전이 일어난 날—옮긴이) 밤 마티아스는 조용히 우리 곁을 떠났습니다. 이 땅에 남게 된 우리는 그 아이와 작별 인사를 하며 여러 날을 고통스럽게 보내야 했습니다. 그 아이가 생전에 우리와 함께 있었을 때 왜 좀더 잘해 주지 않았을까, 왜 한 번만 더 아이의 손을 잡고 따뜻한 대화를 나누지 않았을까 하는 열망에 사무쳐서 말입니다. 그러나 우리가 무엇이며, 무엇을 할 수 있으며, 무엇을 알 수 있으며, 우리의 질문이나 묵상이 무슨 소용이며, 우리의 소원이 이 죽음이라는 크고도 냉혹한 수수께끼 앞에서 무슨 가치가 있단 말입니까?

저는 요즘 구약 성경 사무엘하 12장 23절에 나오는 다윗이 그의 죽은 아들을 향해 한 말을 거듭해서 숙고하지 않을 수 없었습니다. "내가 다시 돌아오게 할 수 있느냐? 나는 그에게로 가려니와 그는 내게로 돌아오지 아니하리라." 그리고 이 말을 통해서, 저는 왜 자신이 더 이상 금식하지 않고 울지 않아야 하는지를 정당화하고 있는 다윗의 모습에 그 어느 때보다 놀라고 있습니다. 정말이지 만일 "그리스도께서 죽은 자 가운데서 다시 살아나사 잠자는 자들의 첫 열매가 되시지"(고전 15:20) 않았더라면 다윗은 정신 나간 냉혹한 아버지로 비난받았을 것입니다. 이 어두컴컴한 "지금"이 그 찬란한 "그때"와 이렇게 가깝고도 밀접하게 연결되어 있지 않았더라면, 다윗은 어떻게 그 끔찍한 고통을 더 이상 슬퍼하지 않을 수 있었겠습니까? 그러나 그리스도는 진실로 죽은 자 가운데서 살아나셨고 잠자는 자들의 첫 열매가 되셨습니다. 우리가 현재 겪고 있는 끔찍한 고통과 아픔으로도 감히 견줄 수 없는 성 금요일의 신비는 이제 부활절 뒤를 따르고 있는 것입니다. 그리스도는 지금 살아 계셔서 통치하시며 승리자로 군림하고 계십니다.

"그때"가 "지금"과 얼마나 가까워졌는지요! 그러므로 "이곳"에서의 죽음은 더 이상 우리가 두려워해야 할 특별한 영역도 아니고, 애도하며 궁금해야 할 것도 아니며, 금식하고 눈물을 뿌려야 할 것이 아닙니다. 우리는 죽음이 우리를 두렵게 만들고 아픔 속으로 몰아넣는 힘이 있다는 것을 잘 압니다. 그러나 우리는 죽음이 더 이상 사망의 쏘는 힘이 없다는 것(고전 15:55)을 알고 있습니다. 그뿐 아니라 예수 그리스도께서 그분의 영광에 들어가시기 위해 고난을 받으신(눅 24:26) 이후, 죽음 그 자체는 그리스도께서 대신 고난을 당하심으로써 그 유익을 선물로 받은 이들에게 그저 그분의 찬란한 영광으로 가는 통로가 되었다는 것을 알고 믿고 있습니다.

그러므로 다윗이 옳았습니다. 우리는 (사랑하는 사람을) 잃은 것으로 여기고 소망을 포기하고 한숨을 쉬고 눈물을 흘리기보다, 무덤 저편에서 영원한 생명을 맛보고 있을 사람들을 위해 크게 기뻐해야 합니다.

어쩌면 우리 마티아스의 마음속 깊은 곳에 어떤 깊은 무력감과 무방비 상태가 자리 잡고 있었는지도 모르겠습니다. 아직 완성되기에는 갈 길이 멀었던 그 아이가 어떻게 자신의 삶을, 마치 폭풍우가 휩쓸고 지나간 것처럼 그렇게 앗아간 그 강한 세력에서

도망칠 수 있었겠습니까? 그러나 우리는 지금 그 강한 세력을 포로로 잡으시고, 그 죽음의 세력을 쓸어버리시고 감금해 버리신 분이 계시다는 것을 알고 또 믿고 있습니다. 그분과 얼굴과 얼굴을 마주 대하게 될 때 우리는 이 일들을 우리 눈으로 직접 보게 될 것입니다. 분명 "그때"는 "지금"과 아주 가까이에 있습니다. 그러므로 오늘 우리는 슬픔 가운데 마냥 애도만 할 수 없는 것입니다.

비록 우리가 지금 당장 기뻐할 수는 없더라도, 질적으로 완전히 다른 종류의 환희로 가득 찬 음성을 이 모든 일이 일어났던 악한 장소 프뤼덴호른이나 우리가 방금 전에 보고 온 무덤에서까지 들을 수 있습니다. 이 환희로 가득 찬 음성은 이 불완전한 자들마저 완성될 것에 대해, 또 마티아스가 어떻게 죽음을 통과하고 하나님의 종으로 완성될 것인지에 대해 이야기하고 있습니다. 그 음성은 평화와 기쁨과 더 풍성히 얻게 되는 생명에 대해 이야기하고 있는 것입니다(요 10:10). 이런 음성을 듣게 될 때, 하나님의 선하신 뜻과 우리 마티아스의 삶과 죽음의 목적을 이루신 그분께 감사하는 것 외에 우리가 할 수 있는 일이 또 무엇이 있겠습니까? 비록 지금은 눈물을 흘리고는 있지만 하나님은 우리들의 삶의 목적도 동일하게 이루고 계십니다! 예수님이 우리에게 말씀하십니다, "나는 부활이요 생명이니라."(요 11:25)

1. 바르트가 언급하고 있는 그림은 아우구스트 네안더의 동판 초상이다. 그 그림에는 네안더가 직접 쓴 본 성경구절과 그의 서명도 함께 있었다.
2. 이 표현은 진젠도르프의 찬송시 "그리스도인들은 여러 가지 고난을 거쳐 이곳저곳을 간다네." 제3행에서 빌려 온 것이다.

   순례자의 의복이 거룩하게 보존되는 동안
   우리는 큰 계시의 고요 속에서 즐겁다네.
   예수님의 팔과 무릎 위에 안겨있는 것이
   얼마나 큰 행복인가.
   사랑은 우리를 그 깊고도 높은 길로 인도하시네.

3. "순진한 바보"라는 말은 "이 세상의 악에 도무지 낯선 사람"이라는 뜻이다. 리차드 바그너도 'Parsifal'의 제1장에서 같은 말을 사용하였다.

이별이 남긴 슬픔과 분노

데이비드 바틀렛

죽음에 이르게 할 만큼 우울증은 빛을 집어삼키는 위험한 어두움이다. 데이비드 바틀렛은 장래가 촉망되는 신학생이었던 에릭 핸슨의 장례식 설교에서 고인의 명석한 두뇌와 사랑, 용기, 믿음 그리고 그의 "원수와의 협약"에 대해 정직하게 말한다. 바틀렛은 에릭의 자살이 그의 지인들에게 슬픔만 아니라 분노도 남겼음을 솔직하게 언급함으로써 이러한 상황에 처한 설교자의 중요한 임무를 분별력 있고 은혜롭게 다룬다. 그는 이런 상황이 갖는 정서적인 측면을 놓치지 않으면서도 모든이가 마땅히 들어야 할 복음을 선포한다.

이 설교는 1986년 7월 21일, 에릭 핸슨이 재학했던 미침례교 서부신학교에서 행해졌다. 당시 바틀렛은 캘리포니아 오클랜드에 위치한 레이크쇼어 침례교회 목사로 사역하고 있었다. 현재 그는 조지아 디케이터에 있는 컬럼비아 신학교에서 신학 교수로 재직하고 있다. 본문의 "에릭 핸슨"은 가명임을 밝혀둔다.

이별이 남긴 슬픔과 분노

내가 확신하노니 사망이나 생명이나 천사들이나 권세자들이나 현재 일이나 장래 일이나 능력이나 높음이나 깊음이나 다른 어떤 피조물이라도 우리를 우리 주 그리스도 예수 안에 있는 하나님의 사랑에서 끊을 수 없으리라.

로마서 8:38-39

끔찍한 비극 앞에서도 우리가 확신할 수 있는 것이 있습니다. 그것은 생명이라는 선물, 죽음이라는 현실 그리고 우리가 믿는 기독교적 소망입니다.

우리는 생명이 선물이라는 것을 확신합니다. 죽음은 그 선물을 빼앗아 갔지만, 우리가 사랑했던 에릭에게 있던 좋은 것들을 빼앗아 가지는 못했습니다.

에릭은 지성인이었습니다. 과학도로서 그가 남긴 업적들은 탁월했습니다. 에릭은 과학의 세계와 신학의 세계를 연결하기 위해 부단히 노력했으며 대체로 답하기 어려웠던 예리한 질문들을 추구했습니다.

에릭은 사람들을 사랑했습니다. 가장 고통스럽고 힘든 때에도 그는 자신과 함께 몸부림치고 있는 사람들을 돌보았습니다. 그는 그의 약혼녀 테리에 대한 깊은 신뢰와 확신을 갖고 있었으며, 그녀의 슬픔을 자신의 슬픔처럼 슬퍼했습니다. 그녀의 미래와 꿈을 향해 그들이 함께 내린 결정들은 두 사람의 굳건하고도 중단 없는 사랑에서 비롯된 선물이었습니다. 또한 방금 들었던 에릭의 친구들은 - 청소년기의 친구들과 대학 동문들 그리고 이곳에서의 여러 친구들 - 그를 사랑했고 에릭 역시 그들을 사랑했습니다.

에릭은 용감한 젊은이였습니다. 자신에게 친숙했던 과학이라는 분야를 떠나 방대한 책들과 복잡한 용어들로 가득한, 게다가 눈으로 볼 수도 없고 손으로 만질 수도 없는 신(神)에 대한 학문으로 진로를 바꾼 것은 큰 용기를 필요로 하는 일이었습니다. 그가 아끼고 사랑했던 캠퍼스를 떠나 먼 곳에 위치한 낯선 신학교와 교회로 옮기는 일 역시 용기를 필요로 하는 것이었습니다.

"저는 사람들이 높이 사줄 만큼 그렇게 용감하지 않아요." 언젠가 에릭이 저에게 한 말입니다. 그러나 저는 매일 그가 자신을 위협하고 있는 어둠의 세력들과 잘 싸우고 있으며, 그 전쟁에서 이기고 있다고 격려해 주었습니다. 비록 이번 싸움에서는 그 어둠의 세력이 승리하고 말았지만, 그 한 번의 싸움이 에릭의 비범한 용기를 결코 퇴색시키지는 못합니다.

　에릭은 분명한 믿음을 가지고 있었습니다. 그 믿음은 복음서에서 울려 퍼지는 "내가 믿나이다. 나의 믿음 없는 것을 도와주소서!"와 같은 그런 믿음이었습니다. 하나님에 대한 그의 열망이 너무나 강렬했기 때문에 하나님이 침묵하고 계신 것 같은 시간이 그에게는 더 고통스럽게 느껴졌으며, 하나님을 향한 그의 소망이 너무나 깊었기 때문에 보통 사람이라면 감히 상상치 못할 일을 에릭은 감행했던 것입니다.

　우리가 그토록 사랑했던 한 젊은이를 잃은 상실감과 아픔, 그 속에서도 우리는 은혜를 확신합니다.

　우리는 또한 죽음이 실재라는 것을 알고 있습니다. 사도 바울은 자연스러운 죽음이나 평안한 죽음에 대해서 알지 못한다고 했습니다. 사도 바울에게 있어서 죽음은 그저 원수일 뿐이요, 환영받지 못하는 무뢰한이며 침입자일 뿐이었습니다.

　오늘 우리는 사도 바울의 그 말을 이해할 수 있습니다. 죽음은 에릭이라는 젊은이를 가져 갈 권리가 없으며, 에릭 또한 죽음이라는 원수와 조약을 맺을 권리도 없습니다.

　우리가 더욱 적절한 말씀을 찾아 에릭의 싸움에 도움이 될 병기를 구비하도록 했었어야 한다는 죄책감이 듭니다.

　장래가 촉망되던 밝은 빛이 너무나 빨리 사라져버린 상실감에 안타까운 마음을 어찌할 수 없습니다.

　그러나 우리는 기독교적인 소망을 확신합니다. "내가 확신하노니 사망이나 생명이나 천사들이나 권세자들이나 현재 일이나 장래 일이나 능력이나 높음이나 깊음이나 다른 어떤 피조물이라도 우리를 우리 주 그리스도 예수 안에 있는 하나님의 사랑에서 끊을 수 없으리라."

죽음은 우리의 원수입니다. 죽음의 세력 안에 있는 우울증이나 절망, 불안 역시 우리의 원수입니다.

그러나 그리스도는 승리자이십니다. 이 믿음 안에서 우리는 삶을 살아내고 죽음을 맞이하며, 이 믿음 안에서 사랑하는 사람들을 하나님의 돌보심 안에 맡겨드리는 것입니다.

"높음이나 깊음이나 다른 어떤 피조물이라도 우리를 우리 주 그리스도 예수 안에 있는 하나님의 사랑에서 끊을 수 없으리라"

에릭에게 슬그머니 접근해서 순식간에 그를 덮쳐버린 슬픔의 수렁도 그를 하나님의 사랑에서 끊을 수 없습니다.

에릭을 잃어버린 우리들이 느끼고 있는 이 상실감의 수렁도 우리를 하나님의 사랑에서 끊을 수 없습니다.

우리의 분노의 수렁도 우리를 하나님의 사랑에서 끊을 수 없습니다.

우리의 죄책감의 수렁도 우리를 하나님의 사랑에서 끊을 수 없습니다.

높음이나 깊음이나 다른 어떤 피조물이라도 우리를 우리 주 그리스도 예수 안에 있는 하나님의 사랑에서 끊을 수 없습니다.

"내가 확신하노니 사망이나 생명이 우리를 우리 주 그리스도 예수 안에 있는 하나님의 사랑에서 끊을 수 없으리라"

　에릭에 대한 하나님의 사랑이 죽음보다 강하다는 것을 저는 확신합니다. 외면 받으셨던 예수 그리스도의 죽음과 빛과 사랑 안에서의 부활은 그저 전해 내려오는 관습이 아니요, 오늘을 사는 우리와 에릭 그리고 사랑하는 모든 사람들의 소망인 것을 저는 확신합니다.

　에릭과 이야기를 나눌 때마다, 저는 에릭의 깊고 착한 심성을 공격해 오는 원수들에게서 그를 지키려고 애를 썼습니다. 아마 우리 모두가 그의 소중한 생명을 죽음의 비열함과 폭력으로부터 지켜내려고 애를 썼을 것입니다.

　저는 우리가 할 수 없는 일을 하나님이 예수 그리스도를 통해 이루셨다고 믿습니다. 또한 그 하나님이 이 청년의 착하고 사려 깊은 성품을 꼭 붙잡고 지키고 계시리라 믿습니다.

　성부, 성자, 성령 하나님께 감사와 영광을 돌립니다. 아멘.

압살롬, 내 아들 압살롬아

로널드 바이알스

패트릭의 어머니는 교통사고로 아들을 잃은 다른 어머니에게 "제가 경험했던 비극은 여느 분들과는 다른 비극이었습니다"라고 말했다. 패트릭은 자살하려고 한 것은 아니었지만, 그의 죽음의 비참한 한 단면은 분명 자신의 선택에 의한 것이었다. 패트릭은 자신의 열다섯 번째 생일 파티 때 약물과다 복용으로 인해 영원히 깨어나지 못했다.

    패트릭의 죽음이라는 현실과 그에 따른 여러 복잡한 감정들을 로널드 바이알스는 통찰력 있고 은혜롭게 다루었다. 그의 성구 선택은 매우 적실하다. 본문에서 다윗 왕의 아들 압살롬 역시 자신의 잘못된 선택으로 인해 목숨을 잃었다. 그러나 자녀의 죽음이 자신이 초래한 결과라고 해서 부모의 슬픔이 덜어지는 것은 결코 아니다. 오히려 슬픔은 가중될 뿐이다. "차라리 내가 대신 죽었더라면!"

    이 설교를 했을 당시 바이알스는 켄터키 주 렉싱턴에 소재한 렉싱턴 제2장로교회에서 시무하고 있었다. 현재 그는 버지니아 주에 위치한 유니온 신학교의 예배학과 설교학 명예 교수로 있다.

압살롬, 내 아들 압살롬아

왕이 구스 사람에게 묻되 젊은 압살롬은 잘 있느냐. 구스 사람이 대답하되 내 주 왕의 원수와 일어나서 왕을 대적하는 자들은 다 그 청년과 같이 되기를 원하나이다 하니, 왕의 마음이 심히 아파 문 위층으로 올라가서 우니라. 그가 올라갈 때에 말하기를 내 아들 압살롬아 내 아들 내 아들 압살롬아 차라리 내가 너를 대신하여 죽었더면, 압살롬 내 아들아 내 아들아 하였더라.

사무엘하 18:32-33

한 생명을 이 세상에 탄생시키는 일은 근본적으로 믿음의 행위라고 할 수 있습니다. 거칠 것 없는 청년기를 보낸 사람이더라도 부모가 되는 순간 이 세상이 얼마나 위험한 곳인지를 뼈저리게 느끼게 됩니다. 기저귀를 갈아 주기 위해 아기를 테이블 위에 올려 놓는 동안에도 행여 아기가 떨어지지 않을까 조심합니다. 우리는 아이에게 찻길로 나가지 않도록 주의시키며 신호등을 꼭 지켜야 한다고 단단히 가르칩니다. 그러나 아이는 커가면서 부모의 감시를 벗어나며, 집을 점점 더 멀리하려고 합니다. 부모들은 때때로 한밤중의 인기척에 놀라 잠을 깨기도 하고, 끔찍한 뉴스를 들을 때마다 내 아이한테 무슨 일이 일어난 건 아닌지 늘 노심초사해 합니다.

"밤늦게까지 놀지 말거라. 나쁜 친구들하고 어울리지 말아라. 숙제는 미리미리 해두어라…." 우리는 부모들의 이런 잔소리가 아이들을 짜증나게 만들고 화가 나게 만들 뿐 아무런 효과도 없다는 것을 잘 알고 있습니다. 그럼에도 불구하고 우리는 자녀들을 위험에서 보호하기 위해 노파심에서 나오는 말을 되풀이할 수밖에 없는 것입니다. "제발이지 조심 또 조심하거라."

물론 우리는 머리로는 우리 자신이나 자식들 스스로 혹은 이 세상 어떤 것도 이 아이들을 완벽하게 돌봐주는 것이 불가능하다는 것을 잘 알고 있습니다. 우리의 충고나 기도, 잠 못 이루는 밤이나 그 어떤 것도 이 아이들을 해하려는 것들로부터 완전하게 지키지 못한다는 것을 말입니다.

친구도 마찬가지입니다. 때때로 친구가 어려움을 겪는 것을 목격하면서도 아무런 도움을 주지 못하는 무기력한 자신을 발견하기도 합니다. 우정어린 마음으로 친구가 어려움을 이겨낼 수 있었으면 하는 바람을 가질 뿐, 할 수 있는 일이라고는 그저 우리의 한계를 슬퍼하고 분노하는 것뿐일 때가 훨씬 많습니다.

대부분의 사람들은 다행히 운이 좋은 사람들입니다. 성장하는 과정에서 우리는 낯부끄러운 실수를 범하기도 하고 터무니없는 위험에 직면하기도 하지만 그때마다 위기를 모면해 왔기 때문입니다. 자라면서 철이 들고, 나이를 먹어가며 책임감 있는 행동을 하게 되지만, 자신과 같은 전철을 고스란히 밟는 자녀들을 보며 우리들은 여전히 불안해합니다. 물론 모두가 그렇지는 않습니다.

패트릭은 명석한 아이였습니다. 매력적이면서도 성실했던, 운동을 좋아하던 아이였습니다. 한 친구는 패트릭이 시(詩)를 좋아했다고도 하더군요. 패트릭은 불의를 보면 참지 못했으면서도 너그러운 성품의 소유자였습니다. 또 패트릭은 남들과는 다른 독특한 생각을 하는 아이였는데 친구들은 이 점을 높이 사곤 했습니다. 그러나 수 년 동안 패트릭을 집요하게 쫓아다니며 괴롭혀 온 것이 있었습니다. 패트릭 자신조차 이것의 정체를 정확히는 모르고 있었던 것 같습니다. 그러니 패트릭의 가까운 사람들이 이를 알아차리지 못했던 것은 당연합니다. 패트릭은 약을 이용해 자신만이 느낄 수 있었던 이 세력을 진정시켜 보려고 했습니다. 때로는 술을 이용해 이것을 극복해 보려고도 했습니다. 그러나 그것은 끈질기게 패트릭을 찾아 왔고, 그때마다 패트릭은 도망치려고 했습니다.

청소년들은 때때로 자신의 꿈을 이루기 위해 집을 떠나고 싶어 할 때가 있습니다. 취직하기 위해 집을 떠나려고 할 경우도 있고, 좀더 넓은 세상을 알기 위해 가출을 하는 경우도 있습니다. 집에서는 인정받지 못하는 자신의 꿈을 이루기 위해 도망치는 경우도 있습니다. 물론 거기에는 위험이 따르기도 하지만 동시에 신기한 경험이기도 합니다. 어떤 목적을 좇아 행하는 이런 가출에는 분명 건강한 생동감 같은 것이 있기도 합니다. 그러나 패트릭의 경우, 그가 무엇을 좇아 달려가고 있었는지는 명확하지 않습니다.

여느 사람들처럼 패트릭도 약물에 대해서 어느 정도의 지식을 갖추고 있었고, 음주의 위험에 대해서도 마찬가지였습니다. 그러나 정체를 알 수 없는 무언가가 맹렬히 추적해 오고 있는 상황에서 그런 지식과 정보들은 별로 도움이 되지 않습니다.

우리가 함께 읽은 본문에는 다윗 왕의 아들 압살롬의 이야기가 나옵니다. 그는 여러 가지 말썽을 일으켜 가족들에게 말로 표현할 수 없는 괴로움을 안겨 준 장본인입니다. 마침내 그는 아버지 다윗 왕을 대항해 반역까지 합니다. 그런데도 다윗 왕은 이런 망나니 같은 아들이라도 죽는 것만은 원하지 않습니다. 그러나 마침내 비극적인 종말의 순간이 이 젊은이에게 찾아옵니다. 압살롬이 죽었다는 보고를 들은 다윗은 흐느끼며 부르짖습니다. "내 아들 압살롬아 내 아들 내 아들 압살롬아 차라리 내가 너를 대신하여 죽었더면, 압살롬 내 아들아 내 아들아!"

이 울부짖음은 자녀를 향한 부모의 가슴 깊은 곳에서부터 터져 나오는 절규입니다. 이 절규는 성공한 자녀, 실패한 자녀 모두를 향한 외침입니다. 꿈을 좇아 달려가는 자녀를 향해서 또는 도망하는 것 외에는 다른 방도가 없는 자녀를 향해 터져나오는 외침입니다. 사회적으로 잘 적응하는 자녀를 향한, 또는 사람들로부터 따돌림을 받기 십상인 자녀를 향한 외침입니다. 이 외침은 이 세상 모든 자녀를 향한 것이며, 이 부르짖음이야말로 우리 한 사람 한 사람을 향한 하나님의 통곡인 것입니다. "내 아들 압살롬아 내 아들 내 아들 압살롬아 차라리 내가 너를 대신하여 죽었더면, 압살롬 내 아들아 내 아들아!"

우리의 기대와 하나님의 기적

존 클레이풀

자신의 딸이 죽은 지 얼마 지나지 않아 했던 존 클레이풀의 설교 "생명은 선물이다"는 명설교집에 수록될 만큼 유명하다. 그러나 여기 소개된 설교는 한 번도 출간된 적이 없는, 열 살 난 딸이 죽은 지 약 20년 후에 쓰여 진 것이다.

이 설교에서 클레이풀은 "하나님의 약속을 어떻게 책임 있게 감당할 것인가?"라는 중요한 질문에 대해 이야기한다. 살아가면서 우리는 기적이 일어나기를 간절히 바라는 상황에 직면하게 된다. 인간의 능력이 아닌 하나님의 지혜를 기대해야만 할 때가 있다. 또 하나님이 우리를 붙들어 주실 것을 기대하는 것 말고는 할 수 있는 일이라고는 아무것도 없을 때도 있다. 자신의 열 살 난 딸 로라의 질병과 죽음을 경험한 클레이풀처럼 말이다.

"하나님이 우리에게 무엇을 '보내시건' 우리로 하여금 그 가운데서 소망을 찾아내도록" 한다는 찬사를 받았던 존 클레이풀은 수 년간 앨라배마 주 버밍햄에서 성공회 사목으로 사역했고, 딸이 죽은 켄터키 주 루이빌에서는 침례교 목사로 시무하고 있었다.

우리의 기대와 하나님의 기적

피곤한 자에게는 능력을 주시며, 무능한 자에게는 힘을 더하시나 니 소년이라도 피곤하며 곤비하며 장정이라도 넘어지며 쓰러지 되, 오직 여호와를 앙망하는 자는 새 힘을 얻으리니 독수리가 날 개 치며 올라감 같을 것이요. 달음박질하여도 곤비하지 아니하겠 고 걸어가도 피곤하지 아니하리로다.

이사야 40:29-31

C. S. 루이스는 쉰여섯 살까지 독신으로 지냈습니다. 그가 말년에 만난 조이 데이빗맨과 함께 보냈던 4년의 세월은 행복에 젖었던 시간이라는 사실을 여러 출처를 통해 알 수 있습니다. 두 사람이 처음 만났을 때 조이는 암 환자였습니다. 그들이 결혼했을 때도 조이는 여전히 암 환자였습니다. 결혼 후 건강이 좋아지는 것처럼 보이긴 했지만 이 질병은 다시 고개를 들기 시작했고, 조이는 세상을

떠나기 전까지 오랜 시간을 고통과 싸워야 했습니다.

그녀가 죽은 후 한동안 루이스는 자신의 경험을 일기처럼 기록해 왔는데, 이를 타인에게 보여줄 생각이 없었습니다. 루이스가 죽기 얼마 전, 그는 그의 일기를 책자로 출간하자는 제안을 받아들여 그 일기는 세상에 선을 보였습니다. 처음에는 N. W. 클라크라는 필명의 『헤아려 본 슬픔』이라는 제목을 달고 출판된 이 책을 읽어본 분이 있다면, 루이스가 제가 했던 것 같은 신랄하고 실망에 가득 찬 어조로 책을 열고 있다는 것을 아실 겁니다.

루이스는 자신이 수십 년에 걸쳐 변호했던 기독교 신앙이 이 고통의 시기에 자기에게 어떤 식으로든 위로를 줄 것이라고 기대했습니다. 그런데 막상 그 자신이 "사망의 음침한 골짜기"에 내던져졌을 때 자신의 신앙이 아무런 도움도 되지 않는다는 사실을 발견하고 놀랐습니다. 루이스는 가장 귀중한 것을 잃어버려 생에 환멸을 느낀 일반인과 전혀 다를 게 없는 것처럼 반응했고 이러한 사실을 결코 숨기려고 하지 않았습니다. 그는 하나님이 허용하신 불타오르는 비탄과 슬픔의 경험 속에서 이루 말할 수 없는 분노를 느끼고 있었습니다.

그러나 루이스는 끈질기고도 심오한 사상가였습니다. 그는 자신이 느꼈던 최초의 부정적인 감정에 함몰되지 않고 오히려 그곳이 자신의 길인 양 사망의 음침한 골짜기 안으로 점점 더 깊이 침잠해 들어갔습니다. 루이스는 환상에서 깨어나는 것은 다른 환상을 새로 시작할 때라는 것을 독서를 통해 알고 있었습니다. 이를 통해 루이스는 고통에 대한 자신의 극단적인 반응이 현실에 대한 것이라기보다는 자신의 기대감에서 비롯된 것이라는 사실을 깨닫게 되었습니다. 그래서 그 책을 조금 더 읽어보면 우리는 루이스가 자신이 기대했던 것이 아닌 현실을 새롭게 깨달아 가는 과정을 보게 됩니다.

이제 루이스는 하나님의 이름 중 하나가 "놀라움"이라는 사실을 발견하게 됩니다. 그는 인간의 이성 너머에 계신 초월자 하나님은 유한한 피조물에 불과한 우리가 하나님께 기대하고 예상하던 시간과 방식으로 역사하지 않는다는 사실을 알게 되었습니다. 그래서 책의 후반부에서 루이스는 처음과는 완전히 다른 목소리를 들려줍니다. 마치 "나의 길은 너희 길과 다르다"는 말씀을 다시 만나게 된 것 같이 말입니다. 그래서 책의 막바지에 이르러 우리는 그가 현실을 있는 그대로 수용하게 된 것을 보게 됩니다.

몇 년 전 저는 이 책을 읽은 후 전율을 느꼈습니다. 그리고 "하나님의 약속을 어떻게 책임 있게 감당할 것인가?", "온갖 어려움을 경험하고 있는 사람들에게 어떻게 해야 실망에 빠지지 않고 거룩하신 하나님이 하신 일을 바라보게 할 수 있는가?"라는 질문을 하게 되었습니다. 시편 기자는 "하나님은 우리의 피난처시요 힘이시니 환난 중에 만날 큰 도움이시라"라고 노래했으며, 사도 바울은 "나의 하나님이 그리스도 예수 안에서 영광 가운데 그 풍성한 대로 너희 모든 쓸 것을 채우시리라"라고 고백합니다.

본문의 "여호와를 앙망한다"는 말씀의 의미를 생각해 보십시오. 만약 우리가 하나님의 능력에 접속된다면 우리는 새로워질 것입니다. 독수리가 날개 치며 올라감 같을 것이요, 달음박질하여도 곤비하지 아니할 것이며, 걸어가도 피곤하지 아니할 것입니다. 이러한 구체적인 약속들은 이 세상을 살아가는 우리에게 거룩하신 하나님을 의지하는 것이 어떤 것인지를 실감나게 합니다.

제가 제 자신에게 질문했던 것은 이런 것이었습니다. "사람들이 절망에 빠지지 않도록 이 약속을 어떻게 잘 전할 수 있는가?" 또는 "어떻게 해야 힘겹고 어려운 시기를 지나는 사람들이 이 약속들을 신실하게 받아들여 루이스처럼 절망에 빠지지 않도록 할 수 있는가?"

그래서 저는 성경을 자세히 살펴보기로 했습니다. 하나님이 어떻게 우리와 대화하시고 교통하시는지 알아보기 위해서 말입니다. 그리고 오늘밤 제가 깨달은 답을 여러분과 함께 나누고 싶습니다. 어떻게 해야 우리 같은 평범한 사람들의 일상생활 속에서 하나님의 역사를 기대할 수 있을까요? 만약 이 약속들의 의미가 하나님이 정말로 우리 삶에 오셔서 우리 삶의 한 부분이 되신다는 것이라면 우리가 하나님께 무엇을 기대할 수 있을까요? 전능하신 하나님은 어떻게 역사의 물결 속으로 들어오셔서 우리 같은 사람들과 접촉하실까요?

이 질문들에 대한 답은 하나가 아닙니다. '저 위에 계신 하나님이 어떻게 인간들과 교통하시는가?'하는 불가사의에 대해 성경은 적어도 세 가지 형태로 답을 주고 있습니다.

하나님이 인간의 역사와 삶을 "간섭"하시는 방법 중 하나는 우리의 상상을 초월한 강권적인 개입입니다. 인간의 영역에서 발원하지 않은 강력한 힘이 어느날 홀연히 인간사에 개입하고, 이를 통해 사람들은 자신들의 삶이 극적으로 변화하는 것을 체험하게 됩니다.

우리는 이러한 극적인 개입을 마가복음에서 발견할 수 있습니다. 한번은 예수님이 길을 가고 계실 때에 저 멀리서 한 사람이 도와달라고 소리쳤습니다. 그는 그 당시 참으로 끔찍한 질병으로 취급되던 한센병을 앓고 있던 사람이었습니다. 그 병은 서서히 사람의 피부를 썩게 하고 힘을 못 쓰게 만드는 질병입니다. 전염성 또한 강해서 누구든지 그 병에 감염되면 사람으로부터 격리되어야 했습니다. 그 병은 사람이 살아 있을 때에도 또 죽었을 때에도 사람을 비참하게 만드는 참으로 고약한 질병이었습니다. 이런 불행한 운명의 포로가 된 한센병환자가 저만치 걸어가고 있는 예수님께 외칩니다. "다윗의 자손 예수여, 나를 불쌍히 여기소서!"

예수님이 이 외롭고 불쌍한 사람을 향해 고개를 돌리며 말씀하십니다. "그래, 내가 너를 고치기 원한다. 내게 능력이 있다. 그 병에서 깨끗함을 받아라." 성경에 의하면, 그 순간 이 한센병환자의 몸에 새 살이 돋아났고, 병을 앓기 이전과 같이 깨끗해졌다고 합니다. 질병이 지배하던 곳에 치료가 임한 것입니다. 이것은 인간의 상상을 초월한 알 수 없는 영역에서 온 강력한 힘이 한센병환자의 생활을 깨고 들어와 그의 환경을 완전히 바꾸어 놓은 것입니다.

여러분은 "기적"이라는 말에 어떤 생각을 갖고 있습니까? 혹 이 단어에 대해 마음을 닫고 있는 분이 있을지도 모르겠습니다. 기적, 즉 우리의 상상을 초월한 다른 영역에서 온 강력한 힘이 우리가 처한 환경을 바꾸어 놓는 이 일에 대해 여러분이 어떻게 생각하고 있습니까?

이와 관련해 저는 어거스틴의 오래된 글에서 많은 도움을 받았습니다. 어거스틴은 기적을 "시기"(timing)와 관련된 것이라고 지적했습니다. 그는 기적을 가리켜 하나님이 천천히 행하실 일을 서둘러 행하기로 결정하신 일이라고 정의합니다. 예수님이 오병이어의 기적을 행하셨던 사건은 하나님이 평소 같았으면 천천히 행하셨을 일을 빨리 진행한 것이며 그 결과 빵과 생선이 불어난 것이라고 했습니다. 하나의 밀알을 땅에 심고 돌보면 싹이 나고 자라서 열매를 맺게 되고, 추수한 밀을 가져다 빵을 만드는 것은 성장의 법칙을 따르는 것입니다. 그런데 이 과정은 자연의 법칙을 따라 긴 시간을 필요로 합니다. 물고기가 물살을 거슬러 올라가 알을 낳는 것도 같은 것입니다. 따라서 오병이어의 기적은 평소라면 시간이 필요했을 일을 하나님이 단축하여 이루신 것이라는 주장입니다.

이것에 의하면, 이 세상의 모든 일들은 그 자체로 기적입니다. 이 세상에 존재하는 모든 것, 곧 무(無)로부터 창조된 모든 것이 다 기적입니다. 일이 얼마나 빠르게 혹은 얼마나 느리게 행해

졌느냐 하는 신비는 무엇인가가 존재한다는 사실에 비하면 그리 놀라운 일이 아닙니다. 그렇기 때문에 전능하신 하나님이 우리의 상식을 벗어난 다른 방식으로 역사하신다는 가능성을 배제하는 것은 결코 바람직하지 않습니다. 기적에 대해 마음을 연다는 것은 그저 역사의 통계에 진실해 지는 것입니다. 이는 광대한 신비의 영역에서 대체 어떤 일이 가능한지조차 가늠할 수 없는 유한한 존재인 우리가 선입견에 매여 결론을 내리지 않는다는 것을 뜻합니다.

성경의 역사 속에서 그리고 우리 개인의 역사 속에서 우리는 세상이 뒤집혀지는 것 같은, 도무지 원인을 알 수 없는 어떤 변화를 볼 때가 있습니다. 지금까지 한 번도 사용하신 적이 없던 방법으로 하나님이 역사하실 때가 있습니다. 우리가 하나님에 대해서 예측할 수 있는 유일한 것이 있다면 그것은 하나님은 우리가 절대로 예측할 수 없는 방법으로 역사하실 수 있다는 사실입니다.

이런 기적에 대해 조금 더 말씀을 나누고 싶습니다. 이 기적은 우리가 어려움에 처했음을 알게 되자마자 본능적으로 하나님께 구하게 되는 도움입니다. 우리의 힘으로 어떻게 해 볼 도리가 없는 난관에 처할 때마다, 궁지에 몰리게 될 때마다, 이제 정말 끝이라는 생각이 들 때마다, 우리가 가장 먼저 하게 되는 것으로 전능하신 하나님이 간섭하셔서 환경을 변화시키고 우리를 그 어려움 가운데서 기적적으로 건져달라고 부르짖는 바로 그런 것입니다. 그리고 하나님은 종종 그것에 대해 응답해 주십니다.

나이의 많고 적음을 떠나 우리 모두는 이 한센병환자와 같이 하나님께 애타게 도움을 요청했던 적이 분명 있습니다.

예수님조차 공생애 마지막에 이르렀을 때에 당신에게 닥칠 무서운 환난을 언급하시며 겟세마네 동산에 엎드려서 하나님께 (한센병환자가 그랬듯이) 부르짖었습니다. "내 아버지여 만일 할 만하시거든 이 잔을 내게서 지나가게 하옵소서!"

그러나 이 자리에 앉아 있는 우리 중 누구도 시공간을 초월한 강력한 힘이 홀연히 우리의 삶을 뚫고 들어와 우리의 문제를 해결해 주시길 바란다는 사실에 대해 죄의식을 느낄 필요가 전혀 없습니다. 이것은 고난에 처한 인간이 본능적으로 갖게 되는 자연스런 생각입니다.

그러나 하나님이 그런 기도에 응답하실 때도 있고, 저 또한 하나님이 강권적인 기적을 행하실 때가 있다는 것을 믿지만, 하나님이 오직 이러한 방법으로 역사하신다고 생각하는 것은 우리를 일종의 잘못된 환상에 내어 맡기는 것입니다.

제 주변에 기적을 이렇게 믿고 있는 사람들이 많이 있습니다. 그들은 이런 식으로 "기적만이" 하나님이 일하시는 유일한 방법이라고 잘못 생각하고 있습니다. 그래서 어떤 기적적인 해결책이 나타나지 않으면 하나님이 하신 일이 아니라고 생각합니다. 여기서 저는 하나님의 약속을 책임 있게 대하는 것이 얼마나 중요한 것인가를 생각하게 되었습니다. 다시 말하지만 저는 하나님이 상상조차 할 수 없는 초자연적인 방법을 통해 역사하셔서 우리가 처한 환경을 바꾸신다는 사실을 분명히 믿습니다. 그러나 성경에 의하면 어려움에 처한 인간을 도우시는 하나님의 은혜는 그런 초자연적인 방법을 통해서만 나타나는 것은 아닙니다.

인간의 역사를 주관하시는 하나님의 일하심은 다른 두 가지 형태를 통해서도 나타납니다. 그것은 우리가 위에서 언급한 "초자연적인" 방법과 마찬가지로 유효한 방법입니다.

두 번째 방법을 저는 협동의 방법이라고 부릅니다. 하나님이 당신의 뜻을 이루시기 위해 종종 인간의 상식을 깨고 어떤 일을 행하시듯이, 하나님은 우리가 있는 곳으로 오셔서 우리더러 당신과 함께 일을 하자고 제안하기도 합니다. 다시 말하면, 하나님의 영이 우리를 감동시켜 우리로 하여금 창조적이고 재능을 발휘하게 하셔서 문제를 해결하게 하는 것입니다. 이러한 하나님의 임재의 협력적인 방법은 초자연적인 방법과 동일하게 유효하며 타당한 것입니다.

이에 대해 성경에서 찾아볼 수 있는 좋은 예는 하나님이 이스라엘 백성들을 이집트에서 이끌어 내시는 과정 속에서 발견할 수 있습니다. 이스라엘 자손들이 처음 이집트로 이주했을 당시 이집트 왕 파라오는 매우 호의적이었습니다. 그러나 요셉을 모르는 다른 왕권이 들어선 이후, 히브리인들은 이집트인들의 노예가 되었습니다. 이런 히브리인들 가운데 모세가 있었습니다. 모세는 전혀 예상하지 못한 상황(왕궁)에서 성장하였으며, 후에는 히브리인을 파라오의 손에서 구출해 내는 위대한 해방자가 됩니다. 이는 매우 오래되고 유서 깊은 역사적 사건입니다.

여러분이 잘 아시는 것처럼, 모세는 히브리인 부모 사이에서 태어났지만 파라오의 딸에게 입양되어 왕족만이 누릴 수 있는 고등 교육의 혜택을 받았습니다. 그는 자신의 태생과 혈육을 모두 잊고 살 수도 있었습니다. 이 세상에는 두 부류의 사람이 있습니다. 이 세상을 모든 사람이 살기 좋은 곳으로 만드는 일에 관심이 있는 사람과 이 세상을 자신이 살 만한 곳으로만 만드는 일에 관심을 기울이는 사람입니다. 감사하게도 모세는 전자에 속한 사람이었습니다. 자신은 행복하고 편안한 삶을 살고 있지만 모세는 자신의 민족이 처한 곤경을 못 본 척 할 수 없었습니다. 그래서 혈기왕성한 이 열정적인 개혁자는 폭력을 휘둘러 이집트 사람을 살해하고 맙니다.

모세는 자신의 민족을 해방시키기 위한 혁명을 일으키고자 했던 것 같습니다. 그러나 그때는 혁명을 일으키기에 적당한 시기가 아니었습니다. 히브리 백성들은 모세가 누구인지조차 알지 못했으며, 무엇보다 스스로의 힘으로 자신들의 비참한 상황을 개선할 준비가 전혀 되어 있지 않았습니다. 결국 폭력이란 수단을 통해 단숨에 이 난제를 해결하려고 했던 모세는 할 수 없이 자기 목숨을 부지하기 위해 미디안 광야로 도주해야만 했고 거기서 사십 년이란 긴 세월을 보내야 했습니다. 분명 이는 시간을 허비하는 것처럼 보였을 것입니다.

그러나 실상 이것은 장차 모세가 감당해야 할 사명을 위해 하나님이 준비시키시는 과정이었습니다. 모세 자신은 몰랐겠지만, 목동이 되어 목양하면서 장차 이스라엘 민족을 인도해야 할 광야 길을 자기 손바닥을 들여다보는 것처럼 능숙하게 익히게 되었습니다. 이처럼 하나님은 우리가 예측 할 수 없는 상황 속에서도 그분의 일을 준비시키십니다. 목자로 사십 년을 보낸 후, 이제 더 이상 아무것도 기대하지 않고 있던 그때에, 모세는 불이 붙었지만 타지 않는 한 그루 떨기나무를 보게 됩니다. 이상하게 생각한 모세가 떨기나무 앞으로 오자, 그때 하나님이 모세에게 말씀하셨습니다. "나는 네가 내 백성들을 자유케 하는 일에 나와 동역하길 원한다."

모세가 말합니다. "하나님이 그 백성들을 해방하시겠다는 말씀은 듣던 중 반가운 소리지만 저는 더 이상 이집트의 권력층과는 상관하고 싶지 않습니다. 그들과 학교도 같이 다녀봤고, 함께 일해 봐서 잘 아는데, 그들은 절대로 이스라엘 백성들을 풀어주지 않을 겁니다."

하나님이 계속 말씀하십니다. "나는 네가 나와 함께 일하길 원한다."

여러분, 보십시오. 모세는 그의 백성들이 해방되는 것을 원했습니다. 그리고 지금 하나님은 이 일이 정말로 이루어질 것이며, 바로 모세가 그 일을 감당할 것이며, 그 일은 하나님 혼자가 아니라 모세와 함께 이루려고 하는 일이라고 말씀하고 계십니다.

여기서 잠깐 말씀드리고 싶은 것이 있습니다. 사실 우리들 대부분은 하나님이 "나는 이 문제를 해결하는 데 네가 나와 함께 일하길 원한다"고 말씀하실 때 어린아이와 같이 주눅 들기 십상입니다. 우리는 움찔하며 뒤로 물러섭니다. 그보다는 기적이 더 나은 방법이라고 말입니다. 자신이 문제 해결의 과정에 참여하기보다는 하나님이 직접적으로 개입하셔서 몽땅 처리해 주기를 바랍니다. 하나님의 뜻이 우리와 함께 일하는 것임에도 불구하고 우리는 하나님이 우리를 대신해 어떤 일을 해결해 주십사 기대합니다. 제가 말씀을 읽으며 깨달은 것은 우리가 어려움에 처할 때 이런 방식으로 하나님의 은혜가 가장 많이 우리에게 온다는 것입니다.

여러분과 제가 직면하는 문제들 가운데는 단순히 하나님이 우리를 대신해 문제를 해결해 주는 차원을 넘어 우리가 직접 문제에 참여해서 해결해야 할 일들이 많이 있습니다. 가령, 우리는 더 깨끗하고 살기 좋은 환경에 대해 논의합니다. 그러나 이 문제는 우리가 앉아서 하나님께 조르기만 한다고 해서 해결되지 않습니다. 이런 문제를 해결하기 위해서는 필요한 대가를 치르고 적극적으로 행동해야 합니다. 우리는 평화를 위해서 기도해야 합니다. 그러나 동시에 우리는 우리가 할 수 있는 일을 행동으로 옮겨야 하며, 평화를 방해하는 것들을 없애기 위해 노력해야 합니다. 하나님의 도우심을 필요로 하는 많은 문제들 가운데는 우리가 직접 하나님의 일에 참여하며 노력해야 할 것들이 분명히 있습니다.

어린아이와 같이 하나님이 우리의 모든 문제들을 해결해 주기만을 기대해서는 안 됩니다. 대신 우리는 하나님이 모세에게 보내셨던 것과 같은 초대장을 볼 수 있어야 합니다. "나는 내 백성들을 자유케 하기 원한다. 이를 위해서 모세 네가 직접 파라오에게 가서 그를 대면하게 될 것이다. 네가 이집트로 가서 내 백성들에게 용기를 불어넣는 일에 참여하게 될 것이다. 또 네가 지난 사십 년간 익혀 온 광야에 관한 지식들을 적절히 활용하여 내 백성이 이 땅을 통과해서 목적지로 가게 되는 일을 돕게 될 것이다." 하나님은 이렇게 하나님의 사역에 사람이 참여하도록 하시는 방법으로 우리의 삶에 개입하십니다. 기적적인 방법을 통한 역사와 간섭적인 방법을 통한 역사는 모두 동일하게 유효한 것입니다.

그러나 하나 더, 하나님이 역사에 개입하시는 세 번째 방법이 있습니다. 하나님은 당신의 뜻하신 바를 이루시기 위해 초자연적인 방법으로 우리를 위해 기적을 행하십니다. 또한 하나님은 우리 곁에서 나란히 서서 우리와 함께 일을 이루어 가자고 초청하십니다. 하지만 어떤 경우, 우리에게 베푸시는 하나님의 도우심의 손길은 우리로 하여금 환경을 인내하며 그것을 버텨낼 수 있는 힘을 주시는 방식으로 나타기도 합니다. 우리가 처한 환경에 아무런 변화가 일어나지 않지만 우리 안에 변화가 일어나, 이를 바라보는 우리의 태도가 바뀌는 것입니다.

여기에 대한 좋은 예가 사도 바울입니다. 성경을 보면 사도 바울은 오랜 기간에 걸쳐 그 자신이 "육체의 가시"라 불렀던 것으로 인해 큰 고통을 겪었다는 것을 알 수 있습니다. 그가 말한 "육체의 가시"가 정확히 무엇을 가리키는지 아무도 정확히 알 수 없지만 그 가시가 그의 사역에 큰 어려움을 가져다주는 육체적인 장애물이었다는 것만은 분명합니다. 어떤 이들은 그것을 당시 지중해 연안에서 흔하게 볼 수 있었던 일종의 열병이었다고 추측하고, 다른 이들은 성적 충동과의 싸움이라고 말합니다. 저는 그가 다메섹으로 가는 길에서 보았던 빛 때문에 생긴 눈병이 아니었나 생각합니다. 다메섹으로 가는 길목에서 사울(바울)을 땅에 고꾸라지게 할 만큼 눈부셨던 그 빛이 평생 그의 눈에 어떤 나쁜 영향을 미쳤던 게 아닐까 하는 것입니다. 그가 쓴 갈라디아서에 보면 "내 손으로 너희에게 이렇게 큰 글자로 쓴 것을 보라"라는 구절이나 "너희가 할 수만 있었더라면 너희의 눈이라도 빼어 나를 주었으리라"라고 한 구절을 봐서 그가 말했던 "육체의 가시"란 그의 시력과 관계가 있었던 것이라고 추측할 수 있습니다. 그러나 어쨌든, 그 가시는 바울이 하나님께 제거해 달라고 간구하지 않으면 안 되었던, 즉 그를 대단히 괴롭혔던 심각한 문제였던 것만은 분명합니다. 그는 하나님께 기적을 구했습니다. 당시 실력 있는 의사들을 만나 보았는지도 모르겠습니다. 아무튼 바울은 정상적인 생활을 어렵게 할 정도로 큰 문제였던 그 가시를 제거하기 위해 할 수 있는 일은 다 해 보았을 것입니다.

    그러던 어느날, 그는 하나님의 음성을 듣습니다. "바울아, 네 육체의 가시는 사라지지 않을 것이다. 왜냐하면 내 은혜가 네게 족하기 때문이다. 나는 네 환경을 바꾸지 않을 것이다. 또한 나와 함께 힘을 합해서 이 문제를 극복해 보자고 너에게 말하지도 않을 것이다. 대신 나는 너에게 달라질 가능성이 전혀 없는 환경을 견뎌낼 수 있는 힘을 주겠다. 이러한 어려움을 통해서, 바깥 상황이 변하는 게 아니라, 너의 내면의 태도가 달라지고 너의 속사람이 성장하게 될 것이다."

여러분은 어떠신지 잘 모르겠습니다만, 제 인생 중에도 이런 경험을 한 적이 있습니다. 이 엄청난 사건 속에서 하나님이 제게 허락하셨던 도우심은 그저 그 상황을 견뎌내라는 것뿐이었습니다. 그것은 기적적인 치유를 체험하는 것 같은 극적인 것이 아니었습니다. 그것은 사태를 호전시킬 수 없는 상황을 단지 견뎌내는 것이었고, "육체의 가시"같이 고통의 한가운데에서 제 자리에 서 있는 것이었으며, 분노로 자폭해 버리거나 절망 중에 모든 걸 포기하지 않게끔 하는 것이었습니다. 이것이 하나님이 우리의 역사 가운데 들어오시는 방법 중 하나입니다.

1970년도에 일어났던 일입니다. 당시 저는 켄터키 주 루이빌에서 살고 있었습니다. 눈이 내리던 어느 토요일 오후, 제 어린 둘째 딸이 18개월 동안 싸워 왔던 백혈병과의 사투를 끝내고 자신의 본향으로 돌아갔습니다. 그 질병과의 전쟁에서 패한 후 열 살밖에 안 되었던 딸아이가 그 비밀에 싸인 곳으로 떠난 것입니다. 그 시간은 그 아이뿐 아니라 온 식구에게 참으로 힘들고 고통스러웠던 날이었습니다. 모두가 육체적으로, 정서적으로 그리고 영적으로 완전히 탈진해 있던 시기였습니다.

딸이 세상을 떠난 지 약 6주 후, 루이빌에 있는 감리교 병원을 방문했다가 평소 친하게 지냈던 유대교 랍비와 마주쳤습니다. 딸아이가 죽은 후 처음 만난 것이었기에 그는 정중하게 애도를 표했습니다. 그리고 뜻하지 않은 질문으로 저를 당황케 했습니다. "자네에게 묻고 싶은 말이 있어. 남자 대 남자로 정직하게 대답해 주면 좋겠네. 어려운 상황에서 하나님이 가족들을 위해 무엇을 해 주셨나?"

전혀 예상하지 못했던 질문이었지만 그럴싸한 말로 대충 둘러대기에 우리 둘은 너무도 가까운 사이였습니다. 비록 종교는 달랐지만, 정직할 뿐 아니라 진리를 사랑하고 추구하는 한 남자가 내 눈을 응시하며 이 질문에 대한 답을 듣고 싶어 하고 있었습니다. "자네가 얼마 전에 겪은 그 끔찍한 경험 속에서 하나님의 역사라고 고백할 수 있는 게 있던가?"

저는 그 친구의 질문에 여러 생각이 들어 곧바로 답하지 못했습니다. 저는 하나님이 저와 같은 상황에 있는 많은 사람들이 간절히 구했던 것처럼 초자연적인 치유를 행하지 않으셨다는 사실을 깨달았습니다. 제 딸 로라는 그 한센병환자가 경험했던 것과 같은 치유를 경험하지 못했던 것입니다. 저는 또 백방으로 찾아 헤맸던 의학적 노력에도 불구하고 그 아이의 병든 몸을 좀먹고 있던 그 질병에 대한 해결책을 찾아내지 못했다는 사실도 깨달았습니다. 그 아이가 병에 걸렸다는 진단이 내려지던 날, 저는 망치로 얻어맞은 것 같았습니다. 정신이 멍한 채 저는 의사에게 물었습니다. "병명이 무엇인가요? 얼마나 살 수 있는 거죠?"

의사가 대답했습니다. "정확히 말씀드릴 순 없지만 대체로 따님의 나이 또래에 이런 종류의 백혈병을 가진 아이들은 약 18개월 정도 삽니다."

제 딸은 진단을 받은 날부터 정확히 18개월하고 10일을 더 살았습니다. 우리가 할 수 있는 건 다 해보았고, 의료 기술을 총동원해보았지만 결국 소용이 없었습니다. 그 아이를 고칠 수는 없었습니다. 하나님이 기적적인 방법으로 간섭하지도 않으셨고 하나님의 일에 함께 동역해 보지도 못했습니다.

그런데 그 순간, 하나님이 그 고통의 한가운데 있던 우리를 위해 무언가를 하셨음을 깨닫게 되었습니다. 여리기만 했던 열 살짜리 소녀가 누구도 상상하지 못할 정도로 용감한 아이로 변했던 것입니다. 정말 놀라웠습니다. 딸아이는 정말로 힘든 상황을 너무나 잘 이겨냈습니다. 동생에게 백혈병이라는 진단이 내려졌을 때 열 살에 불과했고, 동생이 세상을 떠났을 때 겨우 열두 살이었던 그 아이의 오빠도 이 일을 겪으며 책임감 있고 성숙한 모습으로 성장했습니다.

더 이상 단 한 순간도 견디기 힘들다고 몸부림치던 시간들이 떠오릅니다. 어느날이었습니다. 병원 측에서 딸아이에게 주사를 놓으려는데 혈관을 찾을 수가 없었습니다. 계속 주사 바늘을 찔러댈 때마다 딸아이는 고통에 비명을 질렀고 그걸 보면서 저는 '이제 그만!' 하며 속으로 소리 질렀습니다. 그런데 놀라운 사실은 말로 다 할 수 없이 이 고통스러운 상황 가운데에서도 무엇인가가 저로 하여금 분노를 폭발시키거나 절망에 빠져버리는 것을 막고 있었다는 것입니다. 가족들과 함께 딸아이 곁에 있어주는 일을 감당할 수 있게 했던 어떤 도우심이 있었던 것입니다.

저는 제 랍비 친구의 눈을 똑바로 응시하며 말할 수 있었습니다. "그래, 하나님이 우리에게 주신 것이 있지. 하나님은 우리에게 우리가 절대로 바꿀 수 없는 것을 견딜 수 있는 힘을 주셨어. 또 우리가 패배를 당하고 그로 인해 쓴 뿌리를 뻗게 하는 대신, 우리 힘으로는 버텨낼 수 없는 일을 알 수 없는 힘으로 버텨내게 하셨네."

계속해서 제가 말했습니다. "내가 인정해야 할 사실은 내게 주어졌던 이 인내라는 선물 때문에 나는 다른 사람이 되어가고 있다는 것이야. 솔직히 말하면, 이 일로 인해 오늘 나는 어느 때보다 생명의 가치를 느끼게 됐어. 로라가 병에 걸리기 전까지 나는 생명을 당연한 것처럼 여겼지. 그동안 나는 별다른 고생 없이 잘 살고 있었거든. 그래서 내 속에는 이 엄청난 생명이라는 선물을 너무나 당연하게 여겼지. 그러나 이제 그렇지 않아. 그토록 사랑했던 사람에게 해 줄 수 있다는 게 아무것도 없다는 것을 깨닫고 나니 사랑할 수 있는 사람들의 존재를 당연하게 여기지 않게 됐네. 내가 어떻게 해 볼 수 없는 최악의 상황을 견디고 나니 이전과는 전혀 다른 사람이 된 것 같아."

그리고 그와 나는 오랜 동안 하나님이 주신 인내에 대해, 겉보기에는 평범하지만 실은 어려운 때에 가장 강력하고 힘 있는 선물에 대해 진지하게 이야기를 나누었습니다.

제가 오늘밤 여러분께 말씀드리고 싶은 것이 바로 이것입니다. 만약 여러분이 하나님이 일하시는 이 세 가지 방식에 대해 여러분의 믿음을 여신다면, 그러니까 하나님이 초자연적으로 우리의 삶에 개입하셔서 변화를 일으키실 것이라고 기대하신다면, 또 때때로 하나님이 함께 해결책을 찾자고 하실 것임을 믿는다면 그리고 하나님이 어렵더라도 좌절하지 않고 버틸 힘을 우리에게 주실 것을 믿는다면 여러분은 결코 좌절하지 않으실 것입니다.

그러므로 제가 오늘 읽었던 이사야서의 말씀은 이제 우리에게 새로운 의미로 다가옵니다. 여러분, 하나님의 은혜라는 배경에 비추어 이 예언자의 말을 들어보십시오. "오직 여호와를 앙망하는 자는 새 힘을 얻으리니." 그렇습니다! 우리가 직면한 문제들 가운데서도 정말 도움이 남아 있습니다. 그 도움이 어떻게 옵니까?

"독수리가 날개 치며 올라감" 같이! 그렇습니다. 우리는 독수리가 날개 치며 올라감 같은 힘을 받을 때가 있습니다. 그것은 바로 우리가 처한 환경을 뛰어넘도록 우리를 높이 들어 올리고 때때로 이 환경 자체를 바꾸어 버리는 초자연적인 하나님의 개입입니다.

"달음박질하여도 곤비하지 아니" 할 때도 있습니다. 이것은 하나님의 역사에 부르심을 받아 함께 문제를 풀어갈 때 받는 그런 힘입니다.

또 어떤 때에 우리에게 주어지는 하나님의 은혜는 우리로 쓰러지지 않고 걸어갈 수 있는 힘, 우리 힘으로 바꿀 수 없는 현실에

굴복해 분노를 폭발하거나 절망으로 무너지는 대신 그저 한 발자국 한 발자국 전진하게 만드는 힘으로 나타날 때도 있습니다. 사랑하는 성도 여러분, 이 마지막 형태의 하나님의 은혜야말로, 비록 하나님이 일하시는 세 가지 방식 중에 가장 볼품 없어 보일지 몰라도 그 셋 중 가장 강력한 것입니다.

먼저 걷고, 그 다음에 뛰고 그리고 마지막으로 독수리와 같이 날아가야 하는데 이사야가 거꾸로 말했다고 지적하는 사람이 있습니다. 이런 사람은 제가 겪었던 것 같은 일을 겪어보지 못한 사람임에 틀림없습니다. 그런 사람은 뼛속 깊은 곳에서 터져 나오는 어린아이의 비명으로 가득 찬 병실 같은 곳을 한 번도 경험해 본 적이 없는 사람입니다. 이런 끔찍한 병실 같은 곳에서는 그저 쓰러지지 않고 버틸 수 있는 힘이 있다는 것만으로도 굉장한 선물인 것입니다.

이 시간, 제가 정말로 드리고 싶은 말씀은, 여러분들이 하나님이 일하시는 이 세 가지 방식 모두를 여러분의 비전으로 삼으실 수 있다면 여러분은 절대로 실망치 않으시리라는 것입니다. 인생의 가장 어렵고 힘든 때에 우리가 이해할 수 없는 이 큰 비밀이 여러분의 삶의 일부분이 될 것입니다. 만일 여러분이 하나님이 기적을 행하실 때 거기에는 합당한 이유가 있다고, 즉 기적에 대한 하나님의 자유를 인정하는 동시에 그 기적만이 문제의 유일한 해결책은 아니라고 주장할 수 있다면, 그리고 여러분이 여러분을 향해 함께 힘을 모으자고 부르시는 그분의 음성에 민감할 수 있다면,

그리고 여러분이 그저 쓰러지지 않고 서있을 수 있는 은혜에 만족할 수 있다면 여러분은 결코 낙심하지 않을 것입니다.

"하나님은 우리의 피난처시요 힘이시니 환난 중에 만날 큰 도움이시라." 이 말씀에 여러분의 인생을 거십시오! 아멘.

알렉스의 죽음

윌리엄 슬로언 코핀 2세

장례식 설교에도 고전이 있다면 두말 할 것 없이 윌리엄 슬로언 코핀 2세의 '알렉스의 죽음'일 것이다. 코핀 목사는 자신의 아들이 보스톤 항구 근처에서 교통사고로 사망한 후 두 주도 채 지나지 않아 이 설교를 전했다.

설교자가 자기 자식의 죽음을 논하는 설교를 한다는 것은 놀라운 일이다. 보통 사람들은 경험하지 못하는 어려운 시험을 거쳤다는 사실만으로도 그들을 주목할 필요가 있다. 그런 시련을 이겨내고, 그 경험을 설교로까지 뒷받침할만한 힘을 지닌 믿음이야말로 살아 있는 믿음일 것이다.

이 설교를 했을 당시 코핀 목사는 뉴욕시 리버사이드 교회에서 시무하고 있었으며, 현재는 은퇴 후 버몬트 주에 거주하고 있다.

알렉스의 죽음

내가 여호와를 항상 송축함이여 내 입술로 항상 주를 찬송하리이다. 내 영혼이 여호와를 자랑하리니 곤고한 자들이 이를 듣고 기뻐하리로다.

시편 34:1-2

내가 확신하노니 사망이나 생명이나 천사들이나 권세자들이나 현재 일이나 장래 일이나 능력이나 높음이나 깊음이나 다른 어떤 피조물이라도 우리를 우리 주 그리스도 예수 안에 있는 하나님의 사랑에서 끊을 수 없으리라.

로마서 8:38-39

알고 계시는 것처럼, 지난 주 월요일 저녁, 친구들 사이에서는 언제나 명랑한 녀석으로 알려져 있고 가족들 간에는 "하늘에 떠있는 빛나는 샛별"(윌리엄 워드워즈의 싯구 - 엮은이) 같은 아이였던 스물네 살짜리 제 아들 알렉산더가 세상을 떠났습니다. 평소에도 늙은 애비와 게임이나 시합을 할 때마다 지 애비를 이겨야 직성이 풀리더니, 기어이 무덤마저도 저를 앞질러 버렸습니다.

그 아이의 죽음 후 밀물처럼 쇄도한 편지 가운데 헤밍웨이의 『무기여 잘 있거라』 뒷부분에 나오는 글을 인용한 편지가 있었습니다. "이 세상은 모든 사람을 파괴하지만 그 중 어떤 사람들은 그 부서진 장소에서 더욱 강해진다." 우리 교우들 덕분에 저의 갈기갈기 찢겼던 마음이 많이 치유되었습니다. 지난 한 주간 저는 사랑은 사랑을 낳을 뿐 아니라 새로운 힘도 전해 준다는 교훈을 새삼스레 깨달았습니다.

많은 분들이 저를 위해 큰 걱정을 해주셨으며 저 역시 온통 알렉스에 대한 생각으로 꽉 차 있었으므로 오늘 이 아침에 저는 알렉산더의 죽음에 대해 말씀드리길 원합니다. 이 말씀이 우리 모두에게 어떤 형태로든 위로가 되기를 바랍니다.

누군가 죽었을 때, 함부로 말해서는 안 될 몇 가지가 있습니다. 그 중에서도 절대로 해서는 안 될 한 가지가 있습니다. 알렉스가 세상을 떠난 그 다음날 밤 저는 보스톤 교외에 있는 여동생의 집 거실에 앉아 있었습니다. 그때 갑자기 현관문이 열리면서 서글서글한 인상의 중년 부인이 키시(계란이나 우유를 고기와 야채, 치즈 등과 섞어 만든 파이 - 옮긴이)가 담긴 접시를 들고 나타났습니다. 저를 발견한 그녀는 슬픈 표정으로 고개를 좌우로 흔들며 "하나님의 뜻은 정말 알 수가 없다니까요"라고 중얼거리며 부엌으로 걸어갔습니다. 저는 벌떡 일어나 신경질적으로 그 부인에게 말했습니다. "제발 그런 식으로 말하지 마세요!" (저는 이 분노가 저에게 긍정적으로 작용할 것임을 알고 있었습니다.)

"당신은 알렉스가 그 망할 놈의 자동차 윈도우 브러시를 고치지 않고 내버려두었던 거나 그 빗줄기 속에서 속력을 낸 거나 친구들과 어울려 한 잔 했던 게 하나님의 뜻이라고 말하는 건가요? 도로에 가로등도 하나 없던 거나 가드레일 하나 제대로 없던 것이 하나님의 뜻이었다고요?"

하나님을 자신의 머릿속에 권총을 겨누고 운전대를 잡게 만드는 분으로 생각하는 소위 머리 좋은 사람을 보면 전 정말이지 화가 납니다. 하나님은 예기치 않은 죽음을 기뻐하시는 그런 분이 절대로 아닙니다. 예수 그리스도는 중풍병자, 정신이상자, 한센병환자, 청각장애인 등을 고치는 데 많은 시간을 들이셨던 분입니다. 이 말은 부당하거나 고통스럽게 죽는 그런 일이 없다는 말이 아닙니다. 제가 이 교회에서 사역하는 동안에도 그런 일들은 숱하게 있어왔습니다. 우리는 도무지 이해할 수 없는 그런 일들을 보면서 끊임없이 질문을 던지게 됩니다.

그러나 알렉스가 당했던 것 같은 이런 비참한 최후는 정말이지 이해하기 너무 어렵습니다. 보스톤에서 거행된 알렉스의 장례식에서 관머리에 서 있던 알렉스의 동생이 이런 기분을 아주 정확히 표현했습니다. "젠장, 형 실수한 거야!" 누군가가 세상을 떠났을 때 절대로 입 밖에 내지 말아야 할 말이 있다면 그것은 "하나님의 뜻이 어딘가 있겠지요"라는 말입니다. 이런 말을 할 만큼 우리는 알고 있는 게 거의 없는 존재들입니다. 지금 이 순간 제 자신을 스스로 위로할 수 있는 근거가 있다면, 그것은 알렉스의 죽음은 절대로 하나님의 뜻이 아니라는 사실입니다. 바다 한가운데에 처박힌 그 아이의 육체 위로 거친 파도가 덮쳤을 때 가장 먼저 가슴이 부서져 버린 분은 바로 하나님이셨습니다.

저는 앞서 홍수처럼 밀려들어왔던 위로의 편지들에 대해 언급했습니다. 그 가운데 최고이자 동시에 최악의 편지들은 바로 동료 목사들에게서 온 것이었습니다. 그들 중 몇몇은 성경의 달인이라 불릴 정도 성경에 정통한 사람들입니다. 저 역시 "애통하는 자는 복이 있나니" 같은 말씀을 비롯해 이런 상황에 "정확히" 맞는 성구들을 알고 있습니다. 제 믿음은 그들이 걱정하는 것처럼 그렇게 연약하지도 않고 그 말씀이 진리라는 것을 확실히 믿고 있습니다. 그러나 제가 말씀드리고 싶은 것은 이것입니다. 하나님의 말씀은 모두 진리이고 참되지만 슬픔은 그 진리를 비현실적으로 만듭니다. 슬픔의 실체는 하나님의 부재입니다. "나의 하나님, 나의 하나님, 어찌하여 나를 버리시나이까!" 슬픔으로 가득한 상황은 철저한 외로움이며, 심장이 조각나는 것 같은 참담함이며, 아무것도 떠오르지 않는 무념(無念) 그 자체입니다.

그래서 큰 비극에 처한 사람에게는 잘 준비된 말보다는 그저 아무말 없이 손 한번 잡아주는 것이 가장 적당합니다. 다행히도 여기 계신 분 중엔 그런 분이 없습니다만, 저를 고통스럽게 했던 것은 제 상황에 "정확히" 맞는 성구를 인용하며 자신들도 감당하기 힘든 아픔을 어떻게든 종교적으로 미화시켜 보려고 했던 동료 목사들을 대하는 것이었습니다. 하나님이 그러하시듯 성경은 자신을 보호하는 데 쓰는 방패막이 같은 게 아닙니다. 성경은 뒤에서 우리를 그저 한없이 지지하는 든든한 받침대 같은 것입니다.

이 자리에 계신 교우 여러분들은 이 사실을 누구보다 잘 이해하고 계신 분들입니다. 여러분들은 하나님이 여러분들에게 주신 것을 저에게 베푸셨습니다. 최소한의 보호와 최대한의 지지를 말입니다. 여러분들의 그런 지지가 없었더라면 저는 지금 이 자리에 서 있지 못했을 것입니다.

C. S. 루이스는 사랑하는 아내를 잃은 후 이렇게 기록했습니다. "사람들은 말한다. 겁쟁이는 여러 번 죽는다고. 사랑하는 사람도 마찬가지다. 독수리에게 매일 간을 쪼아 먹히는 프로메테우스처럼."

지난달 돌아가신 저의 어머니처럼 부모님이 세상을 떠나실 때 그분들은 우리의 과거를 가져가십니다. 그러나 자녀가 죽을 때 그 아이들은 우리의 미래까지 가져가 버립니다. 그래서 이 사망의 골짜기가 믿기지 않을 정도로 음침하고 깊고 끝없는 것처럼 여겨지는 것인지도 모르겠습니다. 세상에서 상(喪)을 당한 사람들의 행렬 끝에서 마치 징집당한 군인처럼 행군하는 것보다 이 사망의 음침한 골짜기를 홀로 당당하게 진군해 들어가는 것이 더

쉬울 것 같습니다.

하지만 여기에는 분명 위로가 있다는 것을 저는 잘 알고 있습니다. 이런 답하기 어려운 질문들로 알렉스와 제가 더 이상 다투지 않아도 된다는 것입니다. 또 서로를 끔찍하게 사랑했었기 때문에 그 상처는 깊기는 하지만 상처는 곧 깨끗해질 것입니다. 저는 정말 행운아입니다! 언제나 명랑하기만 했던 제 아들은 이 애비가 슬픔에 잠겨있는 걸 원하지 않을 것입니다. 참으로 희한한 것은 알렉스로 인한 슬픔에 빠져있지 않을 때 그 아이를 가장 잘 볼 수 있다는 것입니다.

또 다른 위안도 있습니다. 비싼 수업료를 지불했으니 제대로 배워야 한다는 것입니다. 우리들 중 극소수만이 깊은 심성을 지니고 태어납니다. 우리들 대부분은 강제로 막다른 골목에 몰려봐야 그것을 배우게 됩니다. 그래서 로버트 브라우닝 해밀턴은 말합니다.

나는 쾌락과 함께 1마일을 동행했지.
쾌락은 함께 걷는 내내 조잘거렸지만
나는 하나도 지혜로워지지 않았다네.
그녀는 그저 지껄이기만 했지.

나는 슬픔과 함께 1마일을 동행했지.
슬픔은 단 한마디의 말도 없었다네.

> 그러나 아, 슬픔이 나와 함께 걸었을 때
> 내가 그녀에게 배운 것들이란!

에밀리 딕킨슨도 말합니다.

> 머무르는 심지에서보다
> 떠나는 빛에서
> 우리는 더 정확히 본다.
> 그 비행에는 시각을 뚜렷이 하는
> 무언가가 있다.
> 빛줄기를 평평하게 한다.

이런 끔찍한 아픔 속에서도 하나님은 선하신 분이라는 사실을 전 잘 알고 있습니다. "나의 하나님이여, 나의 하나님이여, 어찌 나를 버리셨나이까!" 하는 부르짖음 가운데도 분명 하나님을 "나의" 하나님이라고 부를 수 있는 특권이 있음을 말입니다. 더욱이 그 시편은 암울하게 시작하지만 그 끝은 전혀 다르게 끝납니다. 처음에는 도무지 견딜 수 없을 것 같던 슬픔도 차츰 그럭저럭 참아낼 수 있는 슬픔으로 바뀌기 시작하고, 성구들도 자기가 있어야 할 자리를 찾기 시작합니다. "네 짐을 여호와께 맡기라. 그가 너를 붙드시고 의인의 요동함을 영원히 허락하지 아니하시리로다"(시 55:22). "저녁에는 울음이 깃들일지라도 아침에는 기쁨이 오리로다"(시 30:5). "여호와여, 주의 은혜로 나를 산같이 굳게 세우셨더니"(시 30:7). "주께서 내 영혼을 사망에서, 내 눈을 눈물에서, 내 발을 넘어짐에서 건지셨나이다"(시 116:8). "세상에서는 너희가 환난을 당하나 담대하라. 내가 세상을 이기었노라 하시니라"(요 16:33). "빛이 어두움에 비취되 어두움이 깨닫지 못하더라"(요 1:5).

마지막으로, 저는 알렉스가 무덤으로 가는 경주에서 저를 이겼을 때에도, 그 최종 결승점은 그날 밤의 보스톤 항구가 아니라는 것을 잘 알고 있습니다. 만일 일주일 전 지난 월요일 등불 하나가 꺼졌다면, 그것은 그 아이에게 새벽이 가까이 왔기 때문입니다.

따라서 저와 여러분 모두 절대로 꺼지지 않는 그 사랑 안에서 위로를 얻고 그 찬란하고 영원한 은혜 안에서 평강을 찾게 되기를 바랍니다.

믿음과 소망 그리고 사랑

스티븐 데이비스

수잔 엔젤은 1970년 부활주일 아침에 교통사고로 사망했다. 당시 그녀의 나이는 스물한 살이었다. 그녀의 아버지 제임스 엔젤은 스티븐 데이비스의 설교집 『수잔, 아기가 죽은 후에 소망을 찾아라』에서 딸의 죽음을 통해 겪었던 자신의 경험에 대해 이야기한다.

    스티븐 데이비스는 캘리포니아에 위치한 클레어몬트 신학교에서 종교철학 교수로 재직하고 있다. 여기 실린 설교는 처음 출판되었던 설교문을 새로 개정한 것이다.

믿음과 소망 그리고 사랑

> 우리가 지금은 거울로 보는 것 같이 희미하나 그때에는 얼굴과 얼굴을 대하여 볼 것이요. 지금은 내가 부분적으로 아나 그때에는 주께서 나를 아신 것 같이 내가 온전히 알리라. 그런즉 믿음, 소망, 사랑 이 세 가지는 항상 있을 것인데 그 중에 제일은 사랑이라.
>
> 고린도전서 13:12-13

헤밍웨이의 소설 『무기여 잘 있거라』에 나왔던 캐더린이라는 여주인공을 기억하시는지요? 그녀는 죽음을 목전에 두고 연인이었던 헨리에게 말합니다. "걱정하지 말아요. 난 조금도 두렵지 않아요. 이건 얄팍한 속임수일 뿐이에요." 하지만 하나님의 사랑을 믿는 그리스도인들은 그녀의 말에 동의할 수 없습니다. 물론, 도저히 설명할 수 없는 어떤 사건들이 그리스도인들에게도 일어납니다.

바울은 이야기합니다. "이 세상에서 변치 않는 세 가지 가치가 있는데 그것은 바로 믿음, 소망 그리고 사랑이다. 그 중에서도 가장 으뜸가는 것은 사랑이다."

믿음의 최고봉은 신뢰입니다. 하나님을 신뢰한다는 것은 무슨 일이 일어나든지 우리가 하나님의 사랑의 손길 안에 있음을 믿는다는 뜻입니다. 믿음은 도무지 설명이 되지 않는 상황에서도 하나님을 신뢰하는 것입니다. 따라서 믿음이 있다는 것은 설령 비극적인 사건이 일어난다 하더라도 여전히 하나님을 바라는 것입니다.

소망의 극치는 확신입니다. 하나님 안에서 소망을 가진다는 것은 어떤 일이 일어나더라도 우리가 하나님의 사랑의 손길 안에 거하고 있다는 확신을 갖는다는 뜻입니다. 어떤 종교는 비극적인 상황을 부인하는 것으로 그릇된 소망을 가지게 만듭니다. 그러나 기독교는 그렇지 않습니다. 기독교에서 가르치는 믿음은 재난을 쫓는 부적 같은 것이 아닙니다. 행운을 가져다준다는 토끼발 같은 것도 아닙니다. 온갖 사건과 사고로부터 우리를 지켜주는 미신 따위는 더더욱 아닙니다. 기독교는 우리들의 삶에는 아픔과 비극들이 실제로 존재한다고 가르치며 동시에 이 비극과 고통의 끝에는 그것에 대한 설명이 있을 거라는 것과 그 피해자들이 하나님의 손 안에서 안전할 것이라고 말합니다.

사랑의 극치는 하나님을 향한 우리의 사랑도 아니요, 인간 서로를 향한 사랑도 아닌, 우리를 향한 하나님의 사랑입니다. 그리스도인이라는 말은 곧 하나님의 사랑이 모든 것을 이길 것이며 그 사랑이 언제나 우리 곁에 계신다는 사실을 믿는다는 뜻입니다. 시편 기자는 이렇게 말합니다. "내가 사망의 음침한 골짜기로 다닐지라도 해를 두려워하지 않을 것은 주께서 나와 함께 하심이라. 주의 지팡이와 막대기가 나를 안위하시나이다"(시 23:4). 하나님의 사랑을 믿는다는 것은 어떤 일이 벌어지더라도 결코 나 혼자가 아니며, 하나님의 사랑의 손 안에 우리가 거하고 있다는 사실을 믿는다는 것입니다. 때때로 우리들은 우리 자신이 하나님의 사랑이 미치지 못하는 먼 곳에 있다고 생각하곤 합니다. 그러나 우리가 하나님에게서 멀리 떨어져 있다고 느껴질 때에도, 우리가 하나님을 부인할 때에도, 우리가 말할 수 없는 고통과 슬픔을 당하고 있을 때에도, 우리의 지식으로는 도저히 설명할 수 없는 어떤 사건이 일어날 때에도 하나님의 사랑은 우리를 붙들고 계십니다.

십자가 위에서 일어난 그리스도의 죽음은 끔찍한 비극이었습니다. 죄가 없으셨음에도 불구하고 그분은 무시무시한 고문을 당하시고 어처구니없는 죄목으로 처형 당하셨습니다. 그 당시 그분을 사랑하던 사람들이 십자가 가까이에 있었습니다. 두말할 나위 없이 그들은 혼란스러웠고 고통스러웠으며 세상이 끝난 것 같았을 것입니다. 그러나 그들은 혼자가 아니었습니다. 그들이 어떤 고통과 어려움에 처해 있든지 하나님은 그들 곁에 함께 계셨고 그분의 사랑은 그들을 한결같이 보호하고 있었습니다. 그리스도인으로서 우리는 하나님의 사랑이 우리 자신을 단단하게 껴안고 가신다고 믿습니다. 또한 우리는 우리를 향한 하나님의 사랑은 부활에 이르러 그 정점에 도달할 것을 믿습니다. 죽음조차도 우리를 하나님의 사랑에서 갈라놓지 못합니다. 왜냐하면 죽음이 끝이 아니기 때문입니다. 우리는 하나님의 눈길 앞에서 영원한 생명을 누리게 될 것입니다.

수잔은 이 사랑의 힘에 대해 알고 있었습니다. 그녀는 성품과 외모 모두가 아름다운, 보기 드문 자매였습니다. 그녀는 음악을 사랑했습니다. 그녀는 야외 활동을 즐겼으며 사람들을 좋아했습니다. 그녀는 자신을 키워준 포모나 대학교를 사랑했습니다. 그곳에서 그녀가 보낸 4년이란 시간은 행복과 성취감으로 가득 찬 것이었습니다. 그녀는 키에르케고르와 틸리히를 비롯한 여러 신학자들을 사랑했습니다. 한마디로 그녀는 인생을 사랑했습니다. 그러나 무엇보다 그녀가 보여준 이 모든 애정은 그녀가 하나님을 사랑하는 또 다른 길이었다고 저는 확신합니다. 왜냐하면 이 땅에서의 삶 가운데 사랑이야말로 — 하나님은 사랑이십니다 — 가장 중요한 것임을 그녀가 누구보다 잘 알고 있었기 때문입니다.

예루살렘으로 입성하시는 예수님을 환영하는 무리들을 책망하라고 바리새인들이 요구했을 때 도리어 예수님은 이렇게 말씀하셨습니다. "내가 너희에게 말하노니, 만일 이 사람들이 침묵하면 돌들이 소리 지르리라 하시니라"(눅 19:40). 그렇습니다. 우리가 수잔을 추억하고 있는 지금, 저 벽에 걸려 있는 십자가와 그녀의 무덤가에 세워 있는 비석, 무덤 주위의 수풀과 나무와 바위들까지도 다함께 한 목소리로 소리 지르고 있습니다. "하나님은 그녀를 사랑하신다. 그리스도는 그녀를 위해 죽으셨다. 그녀는 하나님의 손 안에 있다."

바울이 "우리가 지금은 거울로 보는 것 같이 희미하나 그때에는 얼굴과 얼굴을 대하여 볼 것이요"라고 말했듯이 그녀는 그리고 우리는 단테가 자신의 작품 『천국』의 마지막 장면에서 노래하듯이 "해와 달과 모든 별들까지 우러러 보게 만드는 그 사랑"과 곧 얼굴과 얼굴을 마주하게 될 것입니다.

내 평생에 가는 길

하워드 에딩턴

하워드 에딩턴의 아들인 스물두 살의 존 데이비드는 크리스마스를 나흘 앞두고 자동차를 몰고 폭풍우를 뚫고 달리다 가로수를 들이받는 사고로 사망했다. 이 설교에는 그 사건에 대한 대략적인 설명이 담겨있다. 아버지이자 장례식 설교자였던 하워드 에딩턴은 이 세상 모든 것이 불확실하고 부서지지만 믿음, 소망, 사랑 세 가지는 불변한다는 바울의 확신에 초점을 맞추고 있다.

 하워드 에딩턴은 오랫동안 플로리다 주의 올랜도 제일장로교회에서 시무했으며 아들의 죽음 이후 행한 이 설교도 그 교회에서 선포된 것이다. 현재 그는 사우스캐롤라이나 주 힐튼 헤드에 소재한 프로비던스 장로교회의 목사로 섬기고 있다.

내 평생에 가는 길

> 그런즉 믿음, 소망, 사랑 이 세 가지는 항상 있을 것인데 그 중에 제일은 사랑이라.
>
> 고린도전서 13:13

    다윗 왕이 이렇게 말한 적이 있습니다. "나와 사망의 사이는 한 걸음뿐이니라."

    한 걸음! 이 말을 저만큼 뼈저리게 느끼고 있는 사람이 있을까요? 지난 12월 21일. 폭풍우가 거세게 몰아치던 날 밤, 하나밖에 없는 제 아들이 바로 그 한 걸음을 내디뎠습니다. 비로 인해 미끄러웠던 도로에서 그 아이가 몰던 자동차가 중심을 잃고 그만 가로수에 충돌하고 말았습니다. 그 순간 22년간 타오르던 생명의 촛불이 삽시간에 꺼지고 말았습니다. "나와 사망의 사이는 한 걸음 뿐이니라." 바로 그 "한 걸음"으로 말입니다.

그날 밤 저희를 깊은 잠에서 깨운 요란한 전화 벨소리는 우리를 놀라게 하기에 충분했습니다. 수화기 저편에서 목소리가 들렸습니다. "지금 댁의 현관 앞에 경찰들이 와 있습니다. 그들을 안으로 들여보내 주십시오." 불안함이 홍수처럼 저희를 엄습해 왔습니다. 비를 맞고 서 있던 경찰관과 경목이 집으로 들어섰습니다. 경목의 이름은 베리 헨슨이었으며 이튿빌의 라이프센터 교회에서 시무하고 있는 목사님이었습니다. 수 년 동안 그 목사님을 지켜보며 존경해 왔지만, 그날 밤 저는 그분을 더욱 깊이 존경하게 되었습니다. 그는 어떤 부모에게든지 최악일 수밖에 없는 소식을 전하러 왔지만 그 일을 너무나 사려 깊고 조심스럽게 처리했습니다. 저는 그날 밤 그분이 저에게 했던 말과 행동들을 결코 잊을 수 없습니다.

그분은 조심스럽게 입을 열었습니다. "아주 끔찍한 교통사고가 발생했는데 댁의 아드님이 그 사고를 이겨내지 못했습니다." 그리고 그는 자신이 알고 있는 당시의 상황을 자세히 설명한 후, 우리를 육중하면서도 따뜻한 팔로 꼭 껴안고 간절히 기도해 주었습니다. 그가 전해 준 사고 소식에 우리들의 마음은 갈기갈기 찢겨지는 것 같았지만 그의 애정 어린 기도와 더불어 우리의 무너져 내린 마음에 길고도 느린, 치료의 과정이 시작되었습니다.

저는 오늘 여러분들과 제 아들의 죽음을 통해 이번에 제가 다시 배울 수 있었던 점들을 나누고자 합니다. 그렇습니다. 저는 우리의 인생이 얼마나 불확실하며, 우리가 죽음에서 불과 한 발자

국밖에 떨어져 있지 않다는 사실을 다시 한 번 배웠습니다. 또한 이런 삶의 불확실함 가운데에서도 최후까지 남아 있는 것이 있는데 그것은 바로 믿음, 소망 그리고 사랑이라는 것을 깨닫게 되었습니다.

우리의 불확실한 삶 가운데서도 믿음은 지속됩니다.
영안실에 들어가 제 아들의 시체를 확인해야 했던 일은 지금까지 제가 살면서 했던 가장 어려운 일이었습니다. 감사하게도 존 톨슨 박사와 벅 브라운 박사가 저와 함께 동행해주었습니다. 생명이 떠나가 버린 제 아들의 얼굴을 바라보며, 굳게 감겨있는 그 아이의 눈꺼풀을 내려다보며 저는 말했습니다. "그래, 이제 끝났구나. 그렇지만 이게 진짜 끝은 아니란다." 그렇습니다. 이 지상에서의 제 아들의 생은 끝났습니다. 그것은 부인할 수 없는 사실이며, 또 부인한다고 해서 그 아픔이 해결되는 것도 아닙니다.

　싸늘하게 식어 있는 동생의 주검을 본 딸아이는 동생에 대한 사랑과 그 아이의 언어적 재능을 합쳐 다음과 같은 글로 우리의 거대한 슬픔을 표현했습니다.

> 생명의 부재(不在)? 믿을 수 없어! 네 핏줄에 더 이상 피가 흐르지 않는다니! 죽음이라고? 도대체 어떻게 된 거야? 누워있는 너를 보자니 모든 게 정지되어 버린 것 같아. 세포들과 핵들과 신경들이 하나도 움직이지 않고 있잖아. 단 일 분도, 일 초도, 단 한

순간도 숨을 쉬지도, 일어나 앉지도, 눈을 뜨지도 않고 있어. 난 네가 지금이라도 벌떡 일어나 그 파란 눈을 동그랗게 뜨고 얄궂은 웃음을 입가에 머금고는 "무슨 일 있어요? 뭐 대단한 일이라도 있나요? 전 괜찮아요"라고 말해 줄 것 같단 말이야. 그런데 너는 하늘색 넥타이를 매고 줄무늬 재킷을 입은 채 그냥 누워 있잖아. 머리카락은 너무 단정하게 빗겨져 있고, 얼굴은 너무 창백하고, 콧날은 평소보다 더 높아 보이고, 엇갈려 있는 네 두 손은 너무나 공손해 보이잖아. 그래, 그러고 보니 너의 이런 모습은 네가 잠들어 있을 때만 볼 수 있었지. 이렇게 곤하게 자고 있는 네 모습을 본 건 네가 아주 어렸을 때였어. 그런데 이제는 너를 꿈속이나 추억 속에서나 만나볼 수 있게 되었어. 지금 나는 울고 있는데 내 귀에는 내 자신의 메아리 말고는 들리지 않겠지.

    네가 지었던 시들을 읽으니 너에 대한 기억들이 떠오르는 걸. 너의 사고 소식을 처음 들었을 때 다시는 너하고 이야기를 나눌 수 없는 건가 하는 생각이 들었어. 그런 생각이 들자 숨을 쉴 수가 없었어. 차갑고 냉정한 현실 속에서 숨을 가눌 수가 없었어. 내 동생아, 지금 누나는 아무말을 못하고 멍하니 널 바라만 보고 있단다.

    제 딸아이의 글은 우리 가족들이 당한 끔찍스런 슬픔을 너무나 잘 표현하고 있습니다. 제 아들의 생명은 끝이 났습니다. 그러나 저의 믿음은 끝나지 않았습니다. 그리고 그 믿음은 "이게 다가 아니다"라고 한마디를 보탭니다. 그것은 죽음과 삶 둘 중 하나를 선택해야 하는 문제가 아닙니다. 저는 제 아들을 분명 다시 보게 될 것입니다.

끝났습니다. 그러나 끝이 아닙니다. 저에게 믿음이 없었다면 제가 할 수 있는 말이란 "모든 게 다 끝났어" 말고는 아무것도 없었을 것입니다. 그리고 미쳐버렸거나 자살했을지도 모릅니다. 믿음 없이 이런 비극적인 상황을 대면할 수 있는 사람은 아무도 없을 겁니다. "이제 끝났어. 하지만 이게 다는 아니야"라고 말할 수 있다는 사실은 이 참혹한 비극과 절망을 감당할 수 있는 슬픔으로 바꾸어 놓습니다.

몇 년 전, 위대한 스코틀랜드의 설교자 아더 존 고십은 불의의 교통사고로 그의 아내를 잃었습니다. 다음 주 강단에 선 그는 다음과 같은 믿을 수 없는 강력한 말씀으로 그의 설교를 마쳤습니다.

> 우리는 삶을 두려워할 필요가 없습니다. 우리의 마음은 연약하기 짝이 없고 우리의 인생은 험난하고 외롭습니다. 그러나 우리에게는 놀라우신 하나님이 계십니다. 바울이 고백했던 대로 누가 우리를 그 하나님의 사랑에서 끊을 수 있겠습니까? 죽음조차 우리를 하나님의 사랑에서 끊을 수 없습니다. 죽음조차 말입니다. 눈앞에서 요동치며 부서져 내리는 요단강 물줄기 앞에서,

심장까지 꽁꽁 얼어붙게 만드는 차디찬 추위와 험난한 물살 앞에서, 언젠가는 이 강물을 건너가야 할 여러분들에게 외칠 수 있습니다. "염려하지 마십시오. 제가 그 밑바닥까지 경험해 봤습니다. 괜찮습니다"

이것이 지금 저의 솔직한 심정입니다. 저는 이 강단에 서서 장밋빛처럼 아름다운, 건강하고 부요하고 안락한 믿음에 대해 설교하려는 것이 아닙니다. 제가 오늘 아침에 선포하는 말씀은 연극 무대에 오르기 위해 쓰여진 대본에 맞춰 리허설까지 끝낸 잘 짜여진 공연이 아닙니다. 제 자신의 만족을 위해서나 여러분과 그저 말장난을 하기 위해 이곳에 서 있는 것도 아닙니다. 교회 밖의 "진짜 세상"이 어떤 건지 제가 모를 거라는 말씀일랑 하지 마십시오. 제가 설교자이기 때문에 세상과 동떨어진 삶을 살 것이라고 꿈도 꾸지 마십시오. 친애하는 여러분, 저는 밑바닥까지 내려가 본 사람입니다! 여러분 중 극소수만이 경험했을 그런 처지까지 가 본 사람입니다. 지상의 삶에서 가장 아프고, 가장 쓰라리고, 가장 충격적인 경험을 해 본 사람입니다. 그러므로 제가 여러분께 예수 그리스도를 믿는 믿음은 단순히 교양을 쌓기 위한 것이나 취미생활 차원의 문제가 아니라는 말씀을 드릴 때 귀담아들으십시오. 예수 그리스도에 대한 믿음은 여러분이 시간이 남을 때, 그것이 여러분의 경력에 보탬이 될 때, 여러분의 사회적 지위를 유지하는 데 필요한 그런 것이 아닙니다. 믿음은 단순히 여러분 삶의 일부분 정도가 아닙니다. 믿음은 여러분의 삶의 중심에 자리 잡고 있어야 하며 여러분 존재의 근거가 되어야 합니다. 여러분의 삶에 믿음보다 더 중요한 것은 없으며 여러분의 삶에 이것보다 최후에 남아 있어야 할 것도 없습니다. 제가 분명히 말씀드립니다. "댁의 아드님이 사고를 이겨내지 못했습니다" 같은 소식을 여러분이 듣게 될 때 여러분에게 남아있는 유일한 것은 믿음 말고는 아무것도 없습니다. 제가 믿음으로 말씀드립니다. "제가 그 밑바닥을 경험해봤습니다. 괜찮습니다." 믿음은 영원합니다.

우리의 불확실한 삶 속에서도 소망은 지속됩니다.
윌리엄 슬로언 코핀 목사는 수 년간 뉴욕시에 위치한 리버사이드 교회에서 시무한 목사였습니다. 그분과 저는 신학적 입장이 전혀 다르지만 저희 두 사람은 정서적으로 공감하는 부분이 있습니다. 1983년 1월의 비가 내리던 어느날 밤에, 코핀 목사의 스물네 살 된 아들 알렉스가 그만 자동차 사고로 사망했습니다. 코핀 목사는 "아들 알렉스가 평소에도 늙은 애비와 게임이나 시합을 할 때마다 지 애비를 이겨야 직성이 풀리더니, 기어이 무덤마저도 저를 앞질러 버렸다"라고 말합니다. 저는 그분의 말씀을 들으며 우리 두 사람이 공감할 수 있는 것이 있을 뿐 아니라 동일한 소망을 갖고 있다는 사실을 알게 되었습니다. 코핀 목사는 말했습니다. "저는 알렉스가 무덤으로 가는 경주에서조차 저를 이겼을 때에도, 그날 밤의 보스턴 항구가 최종 결승점이 아니라는 것을 잘 알고 있습니다. 만일 일주일 전 지난 월요일 등불이 하나 꺼졌다면, 최소한 그 아이에게 그것은 새벽이 가까이 왔기 때문입니다."

저는 이것을 조금 다르게 표현하고 싶습니다. 제 아들은 무덤까지 누가 빨리 달리는가 하는 경주에서 저를 이긴 것이 아니라 누가 더 천국에 빨리 도착하는가 하는 경주에서 지 애비를 이겼다고 말입니다. 믿음에 대해 코핀 목사와 제 입장이 조금은 다르지만 소망에 있어서 저희 생각은 동일한 것 같습니다. 제 아들에게도 새벽이 찾아왔던 것입니다.

장로교의 믿음의 선조였던 존 칼빈은 이렇게 물었습니다. "만약 우리가 소망 위에 굳세게 서 있지 않다면, 이 어두운 세상길을 지나는 동안 하나님의 말씀과 그분의 영으로 인도하심을 받지 못한다면 우리는 과연 어떻게 될 것인가?"

저는 지금 바로 그 소망 위에 서 있습니다. 그리고 이 소망은 한 젊은이에게 받은 전화 한 통으로 인해 확인되었습니다. 어느 날 일면식도 없는 한 청년이 저에게 제 아들이 죽던 날 밤 데이비드의 차를 뒤따르고 있던 사람이었다고 자신을 소개했습니다. 사고가 나자마자 그는 곧바로 우리 아이의 차로 달려가 존의 맥박을 짚었지만 이미 숨을 거둔 상태였다고 말했습니다. "목사님의 아드님은 현장에서 죽었습니다." 그리고 이어서 그가 제게 한 말은 제가 그토록 애써 붙잡아 온 소망에 대한 믿음을 확인시켜 주는 것이었습니다. "저는 곧바로 경찰에게 연락을 했고 경찰이 도착할 때까지 기다렸습니다." 잠시 말을 중단했다가 그가 다시 말을 이어가갔습니다. "목사님, 저는 그리스도인입니다. 경찰이 도착하기 전까지 제가 아드님을 안고 기도를 드리고 있었음을 알려드리고 싶었습니다." 제 아들에게 예상치 못한 새벽이 찾아왔을 때 그곳에 예수 그리스도의 한 제자가 기도로 그 아이를 환송하도록 준비되어 있었다는 사실이 제게 어떤 마음이 들게 했는지 여러분은 상상이 안 되실 겁니다.

그렇습니다! 만일 우리가 소망 위에 굳게 서 있지 않다면 우리는 과연 어떻게 되겠습니까? 우리가 어떻게 될지 생각조차 하기 싫습니다. 소망은 영원합니다.

우리의 불확실한 삶 가운데서도 사랑은 지속됩니다.
예전부터 저는 삶은 진지한 것이며 가볍게 다루어선 안 된다고 생각해 왔습니다. 오늘 해야 할 일을 내일로 미루면 안 된다는 사실도 잘 알고 있었습니다. 내일은 오지 않을 수도 있기 때문입니다. 제가 기억하는 것보다 훨씬 더 많이 저는 젊은이들의 장례식을 위해 묘지에 서 있어야 했습니다. 스물한 방의 총성과 경례를 하는 군화 소리가 메아리처럼 울려 퍼지던 묘지에서 젊은 군인들이 국기를 고인의 어머니에게 건네는 광경을 기억하고 있습니다. 그 어머니는 불과 수일 전 육군본부로부터 "아드님이 베트남에서 전사했음을 유감스럽게 생각하며 이를 통보합니다"라는 전보를 받았습니다. 폭풍우 속에서 번개에 맞고 세상을 떠난 열 살짜리 소년의 시신을 묘지에 안장해야 했던 일도 기억합니다. 저는 그때 그 아이의 부모들이 던진 "왜?"라는 질문에 답을 줄 수 없었습니다. 절친했던 친구와 그 친구의 아들을 함께 묻어야 했던 적도 있었습니다. 그 두 사람은 술에 취한 운전자에 의해 교통사고를 당해 사망했습니다. 두 사람이 묘지에 함께 묻힐 때 제 심장의 일부분도 함께 묻히는 것 같았습니다. 얼마 전 아내와 저는 이십 년 동안 함께 믿음생활을 해왔던 부부가 살고 있는 텍사스에 다녀와야 했습니다. 그 부부의 스물네 살 먹은 아들이 갑작스레 세상을 떠났기 때문입니다. 물론 지나온 십이 년이라는 세월을 뒤돌아보면, 이곳에 계신 교우 여러분의 가족들 가운데서도 꽃다운 나이에 유명을 달리한, 안타깝기 이를 데 없는 이들도 있었습니다. 재능있고 아름다운 생명들을 떠나보낸 뒤에 남아있는 가족들을 위해 저는 할 수 있는 일이란 일은 온 힘을 기울여 했습니다.

이제 저 역시 아들을 잃은 부모가 되었습니다. 그래서 더욱 더 독생자를 우리에게 내어 주시고 죽기까지 우리를 사랑하신 하나님 아버지의 사랑을 생각하게 됩니다. 당신의 외아들의 무덤 곁에서 부활의 날까지 슬퍼하시며 앉아계셨을 하나님, 그 하나님이 제 아들에게 그리고 저와 여러분 모두에게 당신의 아들을 내어 주시고 영생을 주셨습니다. 그분의 영원한 사랑으로 말입니다.

사랑하는 교우 여러분, 우리의 인생에서 가장 큰 비극은 요절(夭折), 곧 이른 나이에 죽음을 당하는 것이 아닙니다. 그보다 큰 비극은 삶을 온전히 살아보지 못했다는 것입니다. 그러나 무엇보다 가장 궁극적인 비극은 그리스도 없이 그리고 그리스도를 위해 살아보지 못하는 것입니다.

　오래전 저희 식구가 성지순례를 했을 때 일입니다. 우리는 나사렛에서 그리 멀지 않은 변화산이라고 불리는 다볼산 정상까지 자동차를 타고 올라갔습니다. 정상까지의 길은 험난하기 짝이 없었습니다. 그 길은 매우 비좁은 외길이었고 가파른 비탈길이었습니다. 그런데도 우리를 태운 자동차는 신기록을 세우기로 작정한 사람처럼 그 끔찍한 길을 전속력으로 질주해 올라갔습니다. 갑자기 뒷자석에 앉아있던 아들이 저에게 말을 걸었습니다. "아빠, 호주머니에 항상 넣고 다니시는 작은 성경 저 주세요." 제가 물었습니다. "왜 그러니?" 존이 대답했습니다. "아무래도 오늘 우리가 이 산에서 죽을 것 같은데 성경을 읽다가 죽어야 하나님이 제가 하나님 자녀라는 걸 아실 것 같아서요." 물론 농담으로 한 말이었습니다. 하나님은 존이 당신의 자녀라는 사실을 이미 알고 계십니다. 하나님이 존을 끔찍하게 사랑하신 나머지 당신의 유일한 독생자를 내어주셨다는 것을 우리는 잘 알고 있습니다. 그런 제 아들의 죽음은 제게는 너무나 큰 상처입니다. 이 상처는 너무도 깊은 상처를 제게 주었습니다. 그러나 이 상처는 깨끗하기도 합니다. 제가 아들을 얼마나 사랑했는지, 그 아이가 저를 얼마나 사랑했는지 그리고 하나님이 저희 부자(夫子)를 얼마나 사랑하시는지 잘 알고 있기 때문입니다.

　성도 여러분, 오늘 들으신 설교를 모두 잊어버리더라도 한 가지, 이 한 가지만은 꼭 기억하시기 바랍니다. 다른 것은 아무것도 행하지 못하더라도, 이 한 가지만은 꼭 삶으로 살아내시기 바랍니다. 사랑할 수 있을 때 사랑하십시오. 여러분에게 허락된 시간이 남아 있을 동안 최선을 다해 사십시오. 시간은 정말이지 눈 깜짝할 사이에 지나가 버립니다. 여러분에게 추억 외에는 남은 것이라고는 아무것도 없는 날이 곧 옵니다. 그러니 지금부터 좋은 추억들을 만드시길 바랍니다. 저는 예수님의 이름으로 여러분께 간곡히 부탁드립니다. 사랑하십시오. 하나님이 여러분에게 사랑하도록 보내주신 사람들을 주어진 시간 동안 열심히 사랑하십시오. 저는 그렇게 살았습니다. 지금 저는 그 사실이 얼마나 감사한지 모릅니다! 사랑은 영원합니다.

얼마 전 저는 어떤 사건 하나를 떠올리고 위로를 받았습니다. 1873년, 스패포드라는 시카고 출신의 기독교인 변호사가 자신의 아내와 네 아이들을 뉴욕에서 빌 드 아브르라는 이름의 여객선에 태워 프랑스로 보냈습니다. 스패포드는 할 일을 처리한 후 가족들의 뒤를 따라 프랑스로 떠날 예정이었습니다. 빌 드 아브르 호는 순조롭게 항구를 떠나 대서양을 건너던 중 그만 11월 21일 저녁, 철갑선 로첸 호와 충돌해 타고 있던 승객 대부분이 사망하는 사고를 당했습니다. 스패포드의 부인은 로첸 호의 선원들에 의해 구조되었으나 네 아이들은 모두 생명을 잃고 말았습니다. 구사일생으로 유럽에 도착한 스패포드 부인은 남편에게 전보로 이 비극적인 소식을 전했습니다. "혼자만 구조됐음!" 그 끔찍한 소식을 접하고 그날 밤 잠을 이루지 못한 스패포드는 고통 중에 기도했습니다. 먼동이 밝아올 때 그는 친구 위틀 대령에게 이렇게 말했습니다. "황망한 일을 당할 때도 의지할 수 있는 주님이 계시다는 게 참 다행스럽네." 몇 주 후 그는 대서양 건너편에서 슬픔에 잠겨 있을 부인을 만나기 위해 프랑스로 가는 배에 몸을 실었습니다. 그를 태운 배가 대서양 한 복판, 바로 네 아이들의 목숨을 앗아간 지점을 이르렀을 때 그는 갑판에 앉아서 찬송시를 하나 지었습니다. 이때 그가 쓴 시에 필립 블리스가 곡을 붙여 수많은 영혼들에게 용기를 불어넣게 되었고 오늘 저의 영혼에도 힘을 북돋아주고 있습니다.

> 내 평생에 가는 길 순탄하여
> 늘 잔잔한 강 같든지
> 큰 풍파로 무섭고 어렵든지
> 나의 영혼은 늘 편하다.
> 내 영혼 평안해. 내 영혼 평안해.
> 내 영혼 내 영혼 평안해.

사랑하는 성도 여러분, 지금 여러분께 말씀을 전하고 있는 저는 힘겨운 시기를 지나고 있습니다. 그러나 여러분, 인생이 깊은 물에 잠길 때, 큰 풍파로 무섭고 어려울 때, 우리는 이 진리를 의지해 이렇게 말할 수 있습니다. "내 영혼, 내 영혼 평안해." 아멘!

주님과 함께 거하다

조나단 에드워즈

조나단 에드워즈의 업적을 기리는 사람이라면, 설교자로서의 그의 명성이 "진노하시는 하나님의 손 안에 있는 죄인들" 같은 설교보다는 이 본문과 같은 설교에 근거했더라면 하는 아쉬움을 갖는다. 에드워즈는 냉철한 두뇌로 뜨거운 지옥불을 설교할 수 있었던 사람이었으며, 자신의 확고한 믿음에 근거한 지옥 설교는 매우 합리적인 것이라고 생각했다. 그러나 그의 설교는 대체로 영적 세계를 아름답게 묘사함으로써 청중들의 마음을 움직이는 것이었다.

 1747년 10월 9일, 에드워즈의 사위였던 데이비드 브레이너드는 매사추세츠 주 노스햄턴의 에드워즈의 자택에서 결핵으로 사망한 후 에드워즈의 가족 묘실에 장사되었다. 생전의 브레이너드는 학문적으로는 뛰어나진 않지만, 목회자와 선교사로서의 삶을 열정적으로 살았던 인물이었다. 그러나 풍성한 열매를 맺기도 전에 브레이너드는 세상을 뜨고 말았다. 이후 에드워즈는 브레이너드의 일기를 편집하고 출판함으로써 미국 복음주의 역사상 대단히 매혹적이고 문학적인 감성이 풍부한, 복음주의의 각성에 막대한 영향을 미친 인물을 탄생시켰다.

브레이너드의 장례식을 치른 지 불과 두 주 후에, 에드워즈는 자신의 딸의 장례식 설교를 해야만 했다. 병상에 있던 브레이너드를 간호하다가 그가 세상을 떠난 지 두 주만에 같은 길을 간 제루샤 에드워즈의 시신은 브레이너드 곁에 장사되었다. 당시 에드워즈가 준비한 딸의 장례식 설교문은 후일 예일대학교에서 편집한 그의 전집에 실리게 된다.

본서에 포함된 에드워즈의 브레이너드의 장례식 설교는 예일대학교의 "조나단 에드워즈 프로젝트"의 책임자였던 케네스 민케마가 편집한 것이다.

주님과 함께 거하다

> 우리가 담대하여 원하는 바는 차라리 몸을 떠나 주와 함께 있는 그것이라.
>
> 고린도후서 5:8

사도 바울은 왜 자신이 그토록 극심한 수고와 환난, 그리고 위험 속에서도 담대함과 견고함을 잃지 않고 주를 섬길 수 있었는지를 오늘 본문에서 설명합니다. 왜냐하면 사도 바울은 자신을 정신 이상자로 호도하는 고린도 교회의 거짓 교사들로 인해 온갖 어려움을 겪고 있었기 때문입니다. 바로 앞 장 마지막 부분에서 사도는 고린도 교회의 그리스도인들에게 그가 이렇듯 담대하고 견고한 자세를 취할 수 있던 이유를, 그리스도가 당신의 신실한 종들에게 약속하신 영광스러운 미래에 받게 될 영원한 상급을 확고히 믿고 있을 뿐 아니라 이 땅에서 받는 잠시 받는 가벼운 환난이 지

극히 크고 영원한 영광, 곧 장차 그에게 나타날 영광과 비교할 수 없기 때문이라고 말하고 있습니다. 오늘 이 말씀에서도 동일한 주장이 이어지는데, 바울은 자신이 계속되는 고난 가운데 거하는 이유를 특별히 강조하고 있습니다. 바울은 죽음을 무릅쓰고, 아니 죽음 이후에 있을 큰 행복을 기대하는 이유를 또한 강조하고 있는 것입니다. 이것이 오늘 본문의 주제이며, 이것은 다음과 같은 네 가지 측면에서 설명될 수 있습니다.

1. 바울이 바랐던 미래의 위대한 특권은 그리스도와 함께 있는 것을 말합니다. '함께 있다'는 말은 '같은 나라, 같은 도시에 함께 사는 것처럼 그리스도와 한 가정을 이루거나 함께 산다'는 뜻입니다.

2. 사도 바울이 이 특권을 구한다고 할 때 이는 몸을 떠나길 바란다는 뜻입니다. 이는 영혼과 몸이 다시 연합할 부활의 때를 기다린다는 말이 아닙니다. 바울은 이와 동일한 말을 빌립보 교회에 보내는 편지에 언급하고 있습니다. "그러나 만일 육신으로 사는 이것이 내 일의 열매일진대 무엇을 택해야 할는지 나는 알지 못하노라. 내가 그 둘 사이에 끼었으니 차라리 세상을 떠나서 그리스도와 함께 있는 것이 훨씬 더 좋은 일이라"(빌 1:22-23).

3. 사도 바울은 이 특권에 큰 가치를 두었습니다. 그 가치가 얼마나 대단했던지 차라리 몸을 떠났으면 하고 바랄 정도였습니다. 바울은 이 세상에 계속 거하며 현재의 삶과 그것이 주는 즐거움을 누리기보다는 차라리 이 위대한 특권을 소유하길 더 원했습니다.

4. 사도는 미래의 특권과 그 가치에 대한 믿음과 소망으로 현재의 유익을 누렸습니다. 우리는 사도가 특권이라는 단어에 어울릴 만한 용기와 확신, 일관된 마음을 받아 누렸다고 확신할 수 있습니다. 사도는 여기에서 강하고 흔들리지 않는 마음을 가질 수 있는 이유를 말합니다. 사도는 견고한 마음을 가지고 극한의 수고와 고난 그리고 위험을 견뎌 왔고, 모든 시련 속에서도 절망하지 않았습니다. 아니, 오히려 그곳에서 끊임없이 빛을 발하고 내적인 격려와 힘과 위로를 누렸습니다. "그러므로 우리가 낙심하지 아니하노니 우리의 겉사람은 낡아지나 우리의 속사람은 날로 새로워지도다"(고후 4:16). 사도 바울은 이를 4장 8-10절에서 더 구체적으로 표현합니다. "우리가 사방으로 우겨쌈을 당하여도 싸이지 아니하며 답답한 일을 당하여도 낙심하지 아니하며 박해를 받아도 버린 바 되지 아니하며 거꾸러뜨림을 당하여도 망하지 아니하고 우리가 항상 예수의 죽음을 몸에 짊어짐은 예수의 생명이 또한 우리 몸에 나타나게 하려 함이라." 6장 4-10절에서는 또 다르게 말합니다. "오직 모든 일에 하나님의 일꾼으로 자천하여 많이 견디는 것과 환란과 궁핍과 고난과 매 맞음과 갇힘과 지식과 오래 참음과 자비함과 성령의 감화와 거짓이 없는 사랑과 진리의 말씀과 하나님의 능력으로 의의 무기를 좌우에 가지고 영광과 욕됨으로 그러했으며 악한 이름과 아름다운 이름으로 그러했느니라. 우리는 속이는 자 같으나 참되고 무명한 자 같으나 유명한 자요 죽는 자 같으나 보라, 우리가 살아 있고 징계를 받는 자 같으나

죽임을 당하지 아니하고 근심하는 자 같으나 항상 기뻐하고 가난한 자 같으나 많은 사람을 부요하게 하고 아무것도 없는 자 같으나 모든 것을 가진 자로다."

본문에서 발견할 수 있는 많은 유익들 가운데 이 시간에는 가장 분명하게 우리에게 제시된 것에만 집중하고자 합니다.

그것은 바로 참된 성도들의 영혼이 죽음을 지나 몸을 떠나게 되면 그리스도와 함께 있게 된다는 것입니다. 그것은 다음과 같은 다섯 가지 측면에서 그렇습니다.

1. 참된 성도들은 그리스도의 영화롭게 된 인성과 함께 거하는 복을 누리게 됩니다.

그리스도의 인성은 지금도 존재하십니다. 그분은 지금도 하나님이시며 동시에 인간으로 살아 계시고 영원토록 그렇게 계십니다. 그리스도의 모든 인성, 즉 인간의 영혼뿐 아니라 인간의 몸이 여전히 존재하고 있습니다. 죽임을 당하셨던 그분의 몸은 죽은 자 가운데서 다시 살아나셨고 하나님 오른편에서 영광을 받고 계십니다. 그분의 몸은 지금부터 영원까지 계실 것입니다.

그런즉 그리스도께서 거하시는 곳, 즉 어떤 특별한 창조 세계가 있습니다. 그곳은 가장 높은 하늘 혹은 하늘의 하늘이라고 불리는 곳입니다. 그곳은 눈으로 보이는 하늘 너머에 있습니다. 에베소서 4장 9-10절은 말합니다. "올라가셨다 하였은즉 땅 아래 낮은 곳으로 내리셨던 것이 아니면 무엇이냐. 내리셨던 그가 곧 모든 하늘 위에 오르신 자니 이는 만물을 충만하게 하려 하심이라"…그곳은 또한 몸을 떠난 성도의 영혼이 가는 곳이기도 합니다. 그들은 가장 높은 하늘과는 구별되는 어떤 장소, 심판의 날까지 잠시 머무르는 안식처나 어떤 사람들이 상상하듯 행복한 자들의 '하데스' 같은 곳에 가 있는 것이 아닙니다. 성도들은 곧바로 천국으로 갑니다. 성도들의 집, 즉 아버지의 집으로 말입니다. 히브리서 11장 13-26절은 이것을 이 땅의 순례자요 나그네였던 성도들이 가려던 더 좋은 나라, 성도들의 영혼이 속해 있는 도성이라고 말하고 있습니다. 빌립보서 3장 20절은 이 도성이 하늘에 속해 있다고 말합니다. "우리의 '시민권'은 하늘에 있는지라. 거기로부터 구원하는 자 곧 주 예수 그리스도를 기다리노니." 이곳은 의심할 여지없이 사도가 오늘의 본문에서 관심을 갖고 살펴보고 있는 바로 그곳입니다. 사도가 "우리는 기꺼이 우리의 옛 집과 옛 몸을 버리고 그리스도께서 거하시는 집, 도성, 나라에서 살기를 원한다"라고 말할 때, 그것이 원래 그 단어의 가장 적절한 의미입니다. 이 집 혹은 도성이나 나라가 다른 곳에서 말하는 그 집, 그들이 거할 집, 그들 아버지의 집, 그들이 속한 도성과 나라가 아니고 무엇이란 말입니까? 그들이 이 세상에서 계속 향하고 있던 곳, 그리스도의 인성이 계시는 집, 도성, 나라가 아니고 무엇이겠습니까? 이곳이 바로 성도들의 안식처이고, 그들이 이 세상에 살고 있을 때 항상 마음을 두고 있던 곳이며, 성도들의 보물이 있는 곳입니다.

2. 참된 성도들의 영혼은 하늘로 올라가 즉각적이고 온전하

고 지속적으로 그리스도를 대면하면서 그분과 함께 거합니다.

    사랑하는 친구를 떠나보낼 때 우리는 더 이상 그를 보지 못합니다. 오직 함께 있을 때에야 친구를 볼 수 있고 즐거움을 누릴 수 있습니다. 마찬가지로 성도들이 몸 안에 거하며 하나님과 떨어져 있을 때에 성도는 하나님을 보지 못합니다. 베드로는 이를 "예수를 너희가 보지 못하였으나 사랑하는도다. 이제도 보지 못하나 믿"는다고 말합니다(벧전 1:8). 성도들은 이 세상에서 있을 때 그리스도를 영적으로 볼 수 있지만 거울을 통해 보듯 희미하게 볼 수 있을 뿐입니다. 이를 막는 큰 장애물이 있기 때문입니다. 그러나 고린도전서 13장 12절 말씀처럼 하늘에서는 그리스도를 대면하여 볼 수 있습니다. "마음이 청결한 자는 복이 있나니 그들이 하나님을 볼 것임이요"(마 5:8). 하나님을 볼 수 있는 성도들의 기쁨이 넘치는 비전은 하나님의 영광의 빛이요 광채인 그리스도 안에 있습니다. 그리스도의 영광은 하늘에 있는 성도들과 천사들뿐만 아니라 이 땅에서도 볼 수 있도록 놀라운 광채로 하늘에서 빛을 발합니다. 그것이 의의 태양입니다. 그것은 이 세상의 빛일 뿐만 아니라 하늘의 예루살렘을 밝게 비추는 태양입니다. 그 태양의 밝은 빛으로 하나님의 영광이 하늘에서 빛을 발하는 것입니다. 그리고 하늘에 있는 모든 영화롭게 된 거민을 밝게 비추고 그들을 행복하게 하는 것입니다…성도들은 하나님의 헤아릴 수 없는 지혜와 측량할 수 없는 지식의 깊이를 명확하게 봅니다. 그리고 구원의 길과 사역 속에서 가장 분명하고 찬란하게 나타나는 하나님의 무한한 순결함과 거룩함을 봅니다. 구속 사역에 나타난 그리스도의 은혜와 사랑의 넓이와 길이, 깊이와 높이가 어떠한지를 이 땅에서보다 더 명확하게 봅니다. 하나님의 은혜의 말할 수 없는 부요함과 영광을 보듯이, 그들은 특별히 그리스도께서 죽으심으로 베푸신 영원하고 측량할 수 없는 사랑을 가장 명확히 보고 이해합니다. 요약하자면, 성도들은 사랑의 불을 붙이고 불길로 타오르게 하는 그 모든 것을 그리스도 안에서 봅니다. 또한 사랑을 가득 채우고 그들을 만족시키는 그 모든 것을 그리스도 안에서 봅니다. 어떤 어둠이나 미혹이나 어떤 방해물이나 장애물도 없이, 가장 명확하고 영광스런 방식으로 그 모든 것을 봅니다. 육체로 있는 동안 성도들은 아침 여명과 함께 떠오르는 태양 빛을 희미하게 보듯이 그리스도의 영광과 사랑을 조금 볼 수 있을 뿐입니다. 그러나 몸에서 분리될 때 성도들은 사랑하는 영광의 구주를 봅니다. 하늘 높이 수평선 위로 떠올라 둥근 모습을 드러낸 채 그 빛을 선명하게 발하는 태양처럼 말입니다.

3. 참된 성도들의 영혼이 몸을 떠나 예수 그리스도와 함께 있게 될 때, 가장 온전하게 그리스도를 닮아가며 그분과 연합하게 됩니다.

성도들의 영적인 닮아감은 그들이 육체로 있을 때 시작됩니다. 이 세상에 있을 때는 거울로 보는 것처럼 약하게 주의 영광을 보며 그분을 닮아가게 됩니다. 그러나 하늘에서 그리스도를 보게 될 때 성도들은 전혀 다른 방식으로 그분의 형상을 지니게 됩니다. 이와 같이 완벽하게 그리스도를 보는 것은 그들에게 남아 있는 부족함과 불일치, 죄로 인한 얼룩들을 모두 제거해 버릴 것입니다. 태양의 온전한 빛 앞에서 모든 어둠이 사라지듯이 말입니다. 티끌만한 어둠조차 그런 빛 앞에서는 남아 있을 수 없습니다. 이처럼, 성도들이 하늘에서 그리스도의 영적인 아름다움과 영광을 볼 때 티끌만한 죄와 영적인 결함도 남아 있지 않게 됩니다. 성도들이 구름 한 점 없이 맑은 의의 태양을 볼 때 그들도 태양처럼 빛을 발하게 됩니다. 그리고 그들 자신이 조금의 흠도 없는 작은 태양으로 변하게 됩니다. 그때 그리스도께서 성도들을 자기 앞에 영광스런 아름다움으로 세우셔서 "티나 주름 잡힌 것이나 이런 것들이 없이 거룩하고 흠이 없게 하시고" 거룩함을 소유한 자로 세우실 것이기 때문입니다….

4. 몸을 떠난 성도들의 영혼은 그리스도와 함께 거하며 영광스럽고 즉각적인 교제와 대화를 누리게 됩니다.

친구들과 함께 있을 때에는 언제든지 자유롭게 이야기 나눌 수 있습니다. 그러나 친구들과 헤어지면 그럴 수 없습니다. 성도들이 몸을 떠나게 될 때 그분과 함께 있는 자로 표현할 수 있는 이유는 그들이 비교할 수 없는 자유와 온전하며 즉각적인 교제를 그리스도와 함께 할 수 있기 때문입니다.

가장 친밀한 교제는 성도와 예수 그리스도와의 관계입니다. 성도들이 하늘에서 그리스도와 맺게 될 가장 완벽하고 영광스런 연합이 특히 그러합니다…성도들은 그리스도가 계신 하늘로 올라갈 때 그분과 함께 높임을 받고 영화롭게 됩니다. 그들은 그리스도에게서 더 이상 떨어져 있지 않게 될 것입니다. 오히려 더 가까이 갈 수 있고 더 깊은 친밀함을 누리게 될 것입니다. 성도들이 그런 축복을 누리기에 합당한 자로 변화될 것이기 때문입니다. 그리고 그리스도께서 더 온전한 상태에서 성도들에게 그러한 복을 주실 것이기 때문입니다. 성도들이 친구 되신 구속자의 큰 영광을 볼 때 그분을 두려워한 나머지 성도들이 멀어지도록 하지 않을 것입니다. 오히려 더욱 강력하게 그들을 이끌어 거룩한 자유함 가운데로 나오도록 격려하고 용기를 줄 것입니다. 구주가 사랑하는 친구요 신랑이 바로 그분이라는 것을 성도들이 알게 되기 때문입니다. 죽기까지 사랑하신 그 사랑으로 자신들을 사랑하시고 그의 피로 구속해 자신을 하나님께로 이끄신 분이 바로 그분이라는 것을 알게 되기 때문입니다…그러므로 이 세상을 떠나 하늘에서 그리스도와 함께 있게 될 성도의 영혼들은 영원부터 그곳에 계셨고 그들을 향해 무한한 사랑의 부요함을 드러내실 그리스도를 만나게 될 것입니다. 성도들은 그리스도를 향한 자신의 사랑을 몸 안에 있을 때보다 무한히 더 좋은 방식으로 표현할 수 있게 될 것입니다. 그렇게 성도들의 영혼은 하늘에서 그리스도의 사랑과 축복을 풍성히 먹고 마시게 될 것입니다. 사랑의 바다에서 헤엄치게 될 것입니다. 그리고 영원토록 무한히 밝고 무한히 온유하며 달콤한 하나님의 사랑의 빛 안에 온전히 잠기게 될 것입니다. 영원히 그 빛을 받으며 그 빛으로 충만하게 될 것입니다.

영원히 그 빛에 둘러싸여 빛의 근원되시는 분에게 다시 그 빛을 반사하게 될 것입니다.

5. 몸을 떠난 성도들의 영혼은 그리스도의 축복 속에서 그분과의 영광스런 교제 속으로 들어가게 됩니다.

아내가 남편의 재산을 공동으로 소유하듯이, 왕의 아내인 왕비가 그 모든 명예와 부를 함께 누리듯, 그리스도의 신부인 교회도 하늘에서 그분과 함께 거하게 되면 그분의 영광에 동참하게 됩니다. 그리스도께서 죽음에서 부활하시고 영생을 소유하신 것은 한 개인으로서 하신 일이 아닙니다. 그 일은 구속받은 모든 이의 공적인 대표로서 하신 일이었습니다. 그리스도는 자신을 위해서가 아니라 성도들을 위해 영생을 취하신 것이었습니다. "허물로 죽은 우리를 그리스도와 함께 살리셨느니라." 그리스도께서 하늘로 올라 큰 영광으로 높임을 받으신 것도 공적인 것이었습니다. 그리스도는 자신만이 아니라 그분의 백성들을 위해서 그들의 선구자이자 머리로서 천국을 자신의 소유로 삼으셨습니다. 에베소서 2장 5-6절은 이를 "그리스도 예수 안에서 함께 하늘에 앉히시"기 위해서라고, 요한계시록 3장 12절은 "나[그리스도]의 새 이름을 그 위에 기록하리라"라고 말씀하고 있습니다. 그리스도는 성도들을 하늘에서 자신의 영광과 높임에 동참하는 자로 만드십니다. 그리스도의 이 새 이름은 성부께서 그리스도를 자신의 오른편에 앉히실 때 그분에게 주신 새로운 존귀와 영광입니다. 그리스도는 그 나라의 왕으로서 자신의 왕국에 들어오는 사람이면 누구에게나 새로운 신성을 새로운 칭호와 함께 주십니다. 성도들은 그리스도와 함께 영광을 받게 됩니다(롬 8:17).

하늘의 성도들은 그리스도와 연합해 교제를 나누고 그분의 영광과 축복에 동참하게 됩니다. 그것은 세 가지 측면에서 그렇습니다.

첫째, 성도들은 하늘에서 그리스도께서 성부 하나님을 즐거워하는 중에 가지신 말할 수 없는 기쁨을 그분과 함께 향유합니다.

하늘에 승천하셨을 때 그리스도는 자신이 고난을 당하실 때 외면하셨던 하늘 아버지를 즐거워하며 영광스럽고 특별한 기쁨과 축복을 받으셨습니다. 이 기쁨은 그 아버지와의 관계에서 나오는 기쁨이며, 그리스도께서 이 땅에서 행하신 크고 힘든 사역에 대한 보상이었습니다. 이를 시편 16편 11절은 다음과 같이 표현하고 있습니다. "주께서 생명의 길을 내게 보이시리니 주의 앞에는 충만한 기쁨이 있고 주의 오른쪽에는 영원한 즐거움이 있나이다"…성도들은 그리스도와 함께 하나님의 충만한 기쁨 안에 있는 그 즐거움을 소유하게 될 것이며, 그분의 빛 속에 있는 빛을 보게 될 것입니다. 성도들은 그리스도와 함께 동일한 기쁨의 강을 누리고, 동일한 생명수를 마시게 될 것입니다. 성부 하나님의 나라에서 동일한 새 포도주를 마시게 될 것입니다(마 26:29). 그 새 포도주는 특별히 그리스도와 그분의 참된 제자들이 함께 영광 가운데서 누리게 될 기쁨과 행복입니다. 그 기쁨과 행복은 그리스도가 피로 사신 바 되고 죽기까지 하셨던 순종에 대한 상급입니다.

그리스도께서는 하늘로 승천하실 때, 아버지의 오른편에서 아버지의 사랑을 즐거워하며 자신의 죽음의 대가와 죽기까지 한 순종의 대가로 영원한 기쁨을 받으셨습니다. 그러나 그 의는 머리와 지체 모두에게 동일한 것으로 간주됩니다. 그리스도와 성도 모두 동일한 상급으로 각자의 독특한 능력에 따라 교제를 누리게 될 것입니다.

하늘의 성도들이 성부 하나님의 기쁨 속에서 그리스도와 그런 교제를 누리고, 그래서 하늘 아버지를 즐거워하는 그분의 기쁨을 그분과 함께 나눈다는 것은 성도들의 행복의 초월적인 탁월함을 분명하게 선언하는 것입니다. 또한 천사들보다 더 높은 영광 속에서 더 큰 특권을 받게 된다는 것을 보여주는 것입니다.

둘째, 하늘의 성도들은 성부 하나님이 그리스도를 높이신 영광스런 통치권 안에서 그리스도와 교제할 수 있는 특권 또는 그 통치권에 참여하게 됩니다.

그리스도께서 하늘로 올라가신 것처럼 성도들이 하늘로 올라갈 때 그분과 함께 천상의 자리에 앉게 되며 높이심을 받은 영광에 동참하게 되고, 그분과 함께 통치하기 위해 높임을 받습니다. 성도들은 그리스도를 통해 왕과 제사장이 되어 그분과 함께 그리고 그분 안에서 그분의 나라를 통치하게 됩니다. 성부 하나님이 그리스도에게 나라를 맡기셨듯이 그리스도께서는 성도들에게 나라를 맡기셨습니다…그리스도와 연합한 성도들의 지위와 그분 안에 있는 성도들의 권위는 그리스도가 소유하신 것을 성도들도 동일하게 소유할 정도로 높은 것입니다. 성도 각자에게 그들의 자유와 결정에 따라 만물을 다스릴 권한을 갖는 것보다 완벽하고 축복받은 방식으로 소유하게 되는 것은 없습니다. 성도들은 이제 모든 면에서 자신의 결정권보다 무한히 더 선한 결정권을 통해 자신이 받은 축복을 관리하고 있습니다. 그들의 머리이자 남편 되시는 분을 통해 관리하고 있는 것입니다. 그분과 성도들 사이에는 가장 완벽한 마음의 연합과 가장 완벽한 의지의 연합이 있습니다.

셋째, 세상을 떠난 성도들의 영혼은 복되고 영원한 성부 하나님을 영화롭게 하는 것을 즐거워하는 중에 그리스도와 사귐을 가집니다. 천상의 행복은 묵상하거나 수동적인 즐거움만 있는 것이 아니라 많은 활동으로 이루어져 있습니다. 하나님을 역동적으로 섬기며 그분을 영화롭게 하는 것입니다. 요한계시록 22장 3절은 가장 완벽한 상태에서 성도들이 누리는 축복의 커다란 부분을 인상적으로 언급하고 있습니다. "다시 저주가 없으며 하나님과 그 어린양의 보좌가 그 가운데에 있으리니 그의 종들이 그를 섬기며." 천사들은 하나님을 섬기는 열정과 활동에서 불꽃같은 역할을 합니다. 요한계시록 4장 8절에 나오는 네 생물은(일반적으로 천사들을 상징합니다) 찬송과 영광을 하나님께 밤낮 쉬지 않고 드리고 있습니다. 이런 의미에서 세상을 떠난 성도들의 영혼은 의심할 여지없이 하늘에 있는 하나님의 천사들과 동등합니다. 그리고 예수 그리스도는 이 영광스런 총회의 머리가 되십니다. 성도들의 다른 복된 상태에서 뿐 아니라 성부 하나님을 찬양하고 영화롭게 하는 일에서도 그리스도는 머리가 되어 성도들을 이끄십니다. 그리스도께서 십자가에 못 박히시기 전날 밤 영화롭게 해주시길 바랐던 기도는 아버지를 영화롭게 하기 위한 것이었습니다. 요한복음 17장 1절입니다. "예수께서 이 말씀을 하시고 눈을 들어 하늘을 우러러 이르시되 아버지여, 때가 이르렀사오니 아들을 영화롭게 하사 아들로 아버지를 영화롭게 하게 하옵소서." 그리스도는 이 일을 하늘에서 행하십니다. 그리스도는 지금 하늘에 계십니다. 그분은 교회의 머리이자 천하만물의 통치자로서 자신이 행하시는 모든 것 안에서 아버지의 뜻을 성취하실 뿐 아니라 찬송하고 있는 천상의 총회를 이끄십니다. 그리스도는 성찬식이 거행되는 동안(성찬식은 미래에 하늘 아버지의 나라에서 그들과 함께 잔치를 벌이고 새 포도주를 마실 것에 대한 예표이며 약속입니다) 하나님을 높여 드리고 있던 제자들을 이끄셨습니다. 그리고 그리스도는 영화롭게 된 제자들을 하늘에서 이끄십니다. 이스라엘의 사랑스러운 시인이었던 다윗은 하나님의 백성인 큰 회중을 찬송 중에 이끌던 사람입니다. 다윗은 수많은 그리스도의 예표 가운데 하나였습니다. 그리스도가 성경에서 다윗이란 이름으로 불리는 이유가 그것입니다. 또한 다윗의 많은 시편이 찬양의 노래였습니다. 다윗은 예언의 영으로 교회의 머리이신 그리스도의 이름으로 찬양 중에 성도들을 이끌었습니다. 모세가 홍해에서 이스라엘을 이끌었듯이, 그리스도는 하늘에서 보좌에 앉아 영광스러운 회중을 하나님께 드리는 찬양 중에 이끄십니다. 요한계시록 15장 3절이 그것을 증거합니다. "[그들이] 하나님의 종 모세의 노래, 어린양의 노래를 불러 이르되." 요한계시록 19장 5절에서 요한은 또 다음과 같이 말합니다. "보좌에서 음성이 나서 이르시되 하나님의 종들 곧 그를 경외하는 너희들아, 작은 자나 큰 자나 다 우리 하나님께 찬송하라 하더라." 보좌에서 나오는 음성으로 말하시는 분이, 영광스런 성도로 이루어진 회중에게 그분의 아버지요, 그들의 아버지, 그분의 하나님이요, 그들의 하나님이신 분을 찬양하라고 명하시는 어린양이 아니라면 누구란 말입니까? 우리는 이 음성의 결과를 그 다음 말씀에서 찾아볼 수 있습니다. "또 내가 들으니 허다한 무리의 음성과도 같고 많은 물소리와도 같고 큰 우렛소리와도 같은 소리로 이르되, 할렐루야 주 우리 하나님 곧 전능하신 이가 통치하시도다."

제가 이 주제에 대해 이야기한 것은 권면의 말을 드리기 위해서입니다. 우리 모두는 지금까지 말씀드린 이 위대한 특권, 즉 "몸을 떠나 주와 함께 있기"를 진지하게 구해야 합니다. 우리는 이 세상의 장막 속에 영원히 거하지 않을 것입니다. 이 세상의 장막은 너무 연약해서 곧 썩어 무너질 것입니다. 계속되는 공격 앞에 무너질 만큼 연약합니다. 우리의 영혼은 이 장막을 벗어나 영원한 세상으로 갑니다. 오, 성경이 이에 대해 말하듯이 그리스도의 영광 속에 함께 있게 될 자들의 특권과 축복은 얼마나 무한하고 크단 말입니까! 그리스도가 인간의 모습으로 계시는 동안 한 가족으로 그리스도와 함께 있었다는 점에서 열두 제자의 특권은 대단히 컸습니다. 그것은 변화산에서 그리스도와 함께 있었던 세 제자들도 마찬가지였습니다. 그들이 죄에 노출된 연약한 상태임에도 불구하고, 그리스도께서 하늘에서 누리실 미래의 영광스런 모습을 조금이나마 볼 수 있었기 때문입니다. 그들은 자신들이 본 것으로 인해 크게 기뻐하면서 그곳에 초막을 지어 살자고 했습니다. 그곳에서 내려가고 싶지 않을 만큼 매우 기뻤던 것입니다. 모세는 시내산에서 그리스도와 함께 있었습니다. 그분에게 영광을 보여 달라고 구하자 그분은 모세의 곁을 지나가시며 자기 이름을 알려주셨습니다. 모세는 그분의 뒷모습을 보았습니다. 이 모세의 특권은 또 얼마나 큽니까! 그러나 하늘에서 그리스도와 함께 있는 성도들의 특권은 이것들에 비해 얼마나 큰 것입니까! 하늘에 오르신 그리스도는 천사들과 온 우주의 왕이자 하나님으로 영광 가운데 크고 위대한 빛, 영광스런 세상의 밝은 태양빛을 비취시며 하나님 우편에 좌정해 계십니다. 그곳에서 성도들은 온전하고 끊임없이 그리고 영원히 그리스도의 아름다움과 광채를 보며 살게 될 것입니다.

    그곳에서 성도들의 영혼은 그리스도의 친구요, 신부로서 가장 자유롭고 어떤 제한도 없이 그분과 교제하며 그분의 사랑을 온전히 누리게 됩니다. 그곳에서 성도들은 성부 하나님을 즐거워하는 그리스도의 무한한 기쁨 가운데 그리스도와 교제를 누립니다! 그리스도와 함께 그 보좌에 앉아 만물의 주인이신 그분과 함께 다스리며, 적들을 물리치신 승리와 이 세상 속에서 그분의 나라의 확장이라는 기쁨과 영광 속에 동참하게 됩니다. 그분의 아버지요 그들의 아버지, 그분의 하나님이요 그들의 하나님이신 분에게 영원토록 찬양의 기쁨을 노래하며 그분과 함께하는 이 특권! 이 얼마나 탁월하고 모든 것을 초월하는 것입니까! 간절히 구할 만한 가치가 있는 특권이 아닐 수 없습니다.

그러나 지금, 저는 이 권면의 말씀을 특별히 강조함으로써 하나님의 거룩한 섭리의 경륜, 즉 지금 우리를 이렇게 모으게 한 매우 슬픈 일에 대해 설명하고 싶습니다. 복음 사역을 감당한 예수 그리스도의 탁월한 종, 데이비드 브레이너드의 죽음에 대해 말입니다. 그의 삶과 죽음, 그리고 눈으로 볼 수 있는 모든 것을 함께 묻어야 할 날이 바로 오늘입니다.

이 섭리의 경륜 안에서 하나님은 죽을 수밖에 없는 우리를 생각하게 하시고, 몸을 떠나 올라갈 때, (오늘 본문에서 사도가 말하듯이) "우리가 다 반드시 그리스도의 심판대 앞에 나타나게 되어 각각 선악간에 그 몸으로 행한 것을 따라 받"아야 할 때가 다가오고 있음을 미리 경고해 주십니다.

그의 죽음을 통해 우리는 죽을 수밖에 없을 뿐 아니라, 몸을 떠나 주와 함께 있게 되는 존재임을 깊이 생각하도록 요청 받고 있습니다. 회심한 날로부터 지금까지의 어떤 일에서도, 회심한 날로부터 그의 내적인 어떤 고통과 과정에서, 그의 삶에서 어떤 사람들과 나눈 대화나 삶에서, 죽음 앞에 직면한 오랜 시간 동안 그가 느꼈던 심경과 행동, 그 모든 것에서 우리는 그것을 온전히 확신할 수 있습니다.

    브레이너드가 그리스도 안에서 처음으로 위로를 받게 되기 전에 죄에 대한 가졌던 인식은(그가 내적인 고통과 체험에 대해 글로 남겼듯이) 매우 깊고 철저했습니다. 그의 내적인 고통은 죄의식과 비참함에 대한 자각으로 매우 깊고 오랫동안 지속되었습니다. 그러나 그 고통은 건전하고 견고했습니다. 그것은 불안정하고 폭력적이며 이해할 수 없는 조급함과 두려움, 불안감에 의한 것이 아니라 진지한 묵상과 사물의 참된 모습을 꿰뚫는 분별력과 양심을 비추는 빛에 의한 것이었습니다. 그 빛은 회심의 순간, 성령의 역사를 통한 예수 그리스도의 복음에 의해 그의 마음속을 깊숙이 비추었습니다. 그 변화는 대단히 놀라운 체험이었습니다. 그것은 상상력이나 비약적인 감정, 동물적인 본성 안에 있는 격렬한 감정에 의한 것이 아니라 하나님의 지고한 영광에 합당한 지적 통찰에 의한 것이었습니다. 지고한 하나님의 영광은 하나님의 완벽한 성품이 지닌 무한한 위엄과 아름다움, 그리고 그리스도로 말미암은 구원의 길이 갖는 모든 것을 초월하는 탁월함으로 이루어져 있습니다. 이런 경험은 불과 8년 전, 브레이너드가 스물한 살 때 겪었던 것입니다.

    그렇게 하나님은 그를 거룩하게 하시고 들어 쓰시기에 합당한 자로 만드셨습니다. 그는 하나님의 집에서 탁월한 영예를 누리기로 작정된 그릇이었습니다. 하나님은 그에게 특별한 능력과 은사를 베푸셔서 유능한 사역자로 삼아 주셨습니다. 브레이너드는 뛰어난 창의력과 타고난 달변, 유창한 표현력, 왕성한 이해력, 빠른 분별력, 강력한 기억력을 지닌 사람이었습니다. 또한 특별한 통찰력과 치밀하고 정확한 사고력, 예리한 판단력을 가진 사람이었습니다. 그는 정확한 분별력과 심미안을 갖고 있었고 그의 이해력은 빠르고 강하며 특별했습니다.

배움에 대한 그의 열심은 매우 뛰어났습니다. 배움에 특별한 열정과 취향을 갖고 있었던 그는 대학 시절 얼마나 열심히 공부했던지, 한 동안 학업을 중단하고 집에 돌아가 요양했어야 할 정도였습니다. 그의 뛰어난 학문성은 사회에서도 인정을 받았습니다.

그는 사물에 대한 지식만큼이나 사람에 대해서도 남다른 지식을 갖고 있었습니다. 인간 본성에 대한 깊은 통찰력을 갖고 있었던 것입니다. 그는 의사소통에 있어서도 제가 알던 사람 가운데 가장 탁월한 사람이었습니다. 그는 자신이 가르치거나 상담해야 하는 이들의 능력과 기질, 환경을 적용하고 활용하는 데 특별한 재능을 갖고 있었습니다.

그는 설교에도 비범한 은사를 받았습니다. 그의 설교를 직접 들어본 적은 없지만 저는 그가 기도하는 것을 자주 들었습니다. 그가 스스로를 하나님께 내놓고 표현하는 방법은 거의 흉내 내기 어려울 정도로 탁월했습니다. 이 점에서 그는 타의추종을 불허합니다. 그는 자신에 대해서 의미심장하고 신랄한 말로, 동시에 진심에서 우러나오는 공손하고도 장엄한 어조로 매우 적절하게 표현하곤 했는데, 그럴 때마다 그의 모습은 마치 주변 사람들의 존재 따위는 다 잊어버리고 오로지 거룩하신 하나님만을 마주 대하고 있는 것 같았습니다. 이와 같이 기도를 하는 사람은 거의 찾아보기 어려울 것입니다. 제가 신뢰할 수 있는 여러 사람들에게 들은 바로는 그의 설교 또한 기도 못지않았다고 합니다. 그의 설교는 정확하고 유익한 교훈들로 가득했으며, 자연스럽고 힘이 있었고, 감동적이면서도 설득력이 있었습니다. 그는 강단을 소란스럽게 하고 떠들썩하게 만드는 것에 대해서는 거의 경멸할 정도로 싫어했지만 동시에 뜨거움이 없는 냉랭하고 무감각한 설교 또한 대단히 혐오했습니다.

 그는 학문과 설교뿐 아니라 대화에도 능숙한 사람이었습니다. 그는 사교적이었으며 자유롭고 유쾌한 사람이었으며 동료 교수진들 사이에서는 진리를 사수하고 오류를 논박하는 논쟁도 많이 벌였습니다.

 그는 지식과 분별력이 뛰어날 뿐 아니라 깊은 영성을 가진 사람이었습니다. 무엇보다도 중요한 것은 그가 체험적 신앙을 가졌다는 것입니다. 그는 자기 또래의 다른 젊은이들에 비해 정말 놀라운 영성을 지니고 있었는데, 이 점에 대해서 저는 이 방면에 최고의 판단력을 가지고 있는 사람들과 견해를 같이합니다. 저의 판단력이나 고인이 세상을 떠나기 전까지 그를 알 수 있었던 많은 기회에 비추어 볼 때, 그 또래의 나이나 신분의 사람 가운데 그와 비슷한 영성을 갖춘 사람을 저는 알지 못합니다. 이렇게 말할 수 있는 까닭은 그가 지녔던 다음과 같은 세 가지 요소 때문입니다. 첫째는 그의 타고난 천재적 기질이요, 둘째는 여러 사람들─백인과 인디언 원주민 모두─를 관찰할 수 있었던 기회, 그리고 마지막으로 그의 놀라운 체험입니다.

하나님의 거룩한 영에 대한 그의 체험은 처음 회심했을 때에만 잠깐 있었던 것이 아니었습니다. 그 체험은 그가 주님을 영접한 이후에도 지속되었으며, 이 같은 사실은 그가 처음 회심 때부터 죽음을 눈앞에 두고 더 이상 힘들어 글을 쓸 수 없었을 때까지 계속된 그의 일기를 통해 알 수 있습니다. 그가 처음 주님을 만나 경험한 변화들은 단순히 당시의 시각과 감정, 지적인 것에 국한되지 않고 마지막 임종의 순간까지 그의 마음에서 지속적으로 일하신 하나님에 의해 주도된 것이었습니다. 그는 잠깐뿐인 첫사랑, 곧 시간이 지나면 생명력을 상실한 채 굳어버리고, 태만해지고, 세속적으로 변하는 신앙을 혐오했습니다.

그의 체험은 최근의 다른 사람들로부터 높이 평가받는 그런 체험과는 사뭇 달랐습니다. 인간의 감정에 기초한 거짓 종교가 사람들을 미혹할 무렵, 그도 거기에 속아 한동안은 그런 식의 신앙을 높이 평가했던 적이 있었습니다. 그는 자기가 다른 사람들이 주장하는 그런 경험을 하지 못한 이유가 단지 다른 사람들의 신앙이 자신보다 더 깊기 때문이라고 생각했으며, 그래서 자신도 그런 경험을 하길 간절히 원했습니다. 하지만 그가 그런 종류의 체험을 열심히 추구했음에도 불구하고 그는 그것을 얻을 수 없었습니다. 그는 저에게 자신은 신앙생활에서 즉흥적인 감정이나 자신의 상상력에 의한 어떤 것도 받질 못했다고 말했습니다. 그가 현혹되었던 그 짧은 기간 동안 그는 이런 일들을 체험하길 갈망하고 노력했지만, 자신과는 어울리지 않는다는 생각을 떨쳐 버릴 수 없었습니다. 그리고 결국 얼마 되지 않아 그는 이런 추구가 신앙에 얼마나 헛되고 해로운 것인지를 깨닫게 되었으며, 그래서 자신의 실수를 공개적으로 고백하고 그것으로 상처를 주었던 이들에게 사죄했습니다. 후에 그는 감정에 치우친 열정과 체험에 대해 극도의 혐오감을 가지게 되었습니다. 그는 지나친 열정이나 도덕 폐기론으로 나아가는 어떤 견해나 체험도 질색하게 되었습니다. 그런 자들은 그리스도께서 죽으신 이유가 자신들만을 위한 것이며 자신들이 하나님의 사랑의 대상이기 때문에 하나님을 사랑하게 되었다고 주장했습니다. 그들의 신앙의 확신은 간증이나 권면에(말씀이 동반될 때도 있고 그렇지 않을 때도 있었습니다) 의한 것이었고, 그들의 구원의 기쁨은 하나님의 뛰어나심이나 그리스도의 아름다움에서 비롯된 것이기보다는 자신들이 다른 사람들과 구별되었다는 교만이나 자기 영광에서 비롯된 것이었습니다. 이런 평신도들의 영적 교만은 공적인 자리에서 말씀을 가르치는 교사들과 대립을 불러일으켰으며 그것은 훈련받은 사역이나 인간의 지성을 깡그리 무시하는 결과를 낳았습니다. 그는 이러한 광적인 종교적 쇼, 곧 자신의 경험을 떠벌리고 선전하는 사람들을 매우 혐오했습니다. 그렇다고 그는 그들을 정죄하지는 않았습니다. 그는 그리스도인으로서 체험을 나누는 일을 제한된 범위 내에서 겸손과 관용으로 허용했습니다. 그러나 그는 분파주의자들의 생각과 행동을 증오했습니다. 저는 그에게서 자신은 많은 분파주의자들을 알고 지내는데 그들이 받는 평판은 성경에서 가르치는 경건과는 아주 동떨어졌고 심지어 상관없는 것이라고 말하는 것을 여러번 들었습니다. 특히 병이 아주 위중하여 더 이상 회복의 소망을 가질 수 없게 된 후 그는 이런 일들에 대해 더욱더 철저히 경고했습니다. 특히 그는 저에게 이제 정말 천국에 가는 것이 몇 분밖에 남지 않았다고 느꼈을 때, 그런 것들에 대한 경고와 비난의 강도를 더했습니다.

그의 내적인 체험이 주목할 만했듯이, 그는 자신의 신앙과 일치하는 태도와 행동으로 살았던 사람이었습니다. 그는 마치 그리스도를 위해 모든 소유를 팔아버린 사람처럼 행동했으며, 그 자신을 하나님께 온전히 바쳤고, 하나님의 영광이 삶의 유일한 목적이었으며, 그의 모든 시간과 힘을 하나님을 섬기는 데 완전히 바칠 결심이 되어 있던 사람이었습니다. 그는 입으로만 신앙을 부르짖는 사람이 아니었고, 행동으로 그 신앙을 실천하는 사람이었습니다. 그는 어떻게 해서라도 간신히 십자가를 피해 쉽게 천국에 들어가 보려고 하는 나태한 신앙인이 아니었으며, 자기를 부인함으로써 주님의 영광에 이르기까지 달려갈 길을 다 경주하는, 요즘 세상에서 참으로 보기 드문 신앙인이었습니다. 제가 말씀드리는 많은 부분들은 고인의 출판된 글을 읽어 본 사람이라면, 아니 그보다도 그가 살아 있을 때에 그를 알고 지내온 사람이라면 누구나 공감할 수 있는 이야기입니다. 우리는 그의 일기를 통해 그의 내밀한 부분을 좀더 이해할 수 있게 될 것입니다.

그가 그리스도의 나라의 임재를 갈망하고 그분을 위해 일했던 것만큼이나 그가 이룬 성취도 그러했습니다. 하나님은 그를 이 땅의 불쌍한 원주민들을 일깨우고, 계몽하고, 개혁하고, 변화시키는 도구로 쓰시기를 기뻐하셨습니다. 이러한 업적들은 고인이 몸담았던 스코틀랜드 명예협회가 편찬한 그의 일기를 통해 잘 나타나 있으며, 저는 여러분들이 이 글들을 정독함으로써 신앙의 도움을 받게 되기를 원합니다.

지금까지 말씀드린 그의 생애에서 더욱 놀라운 것은 회복될 수 있으리라는 소망이 완전히 끊어진 채 죽음을 목전에 두었던 긴 시간 속에서도 그가 하나님 안에서 지속적으로 누렸던 차분함과 평화, 확신 그리고 기쁨이었습니다. 시시각각 엄습해 오는 죽음의 그림자조차 그를 낙심하지 못하게 했고 오히려 그를 열정적이고 힘을 내도록 만들었습니다. 죽음이 엄습해 오면 올수록 그는 이 세상을 속히 떠나기를 더 갈망하는 것 같았습니다. 임종을 얼마 앞두고 브레이너드는 이런 말을 했습니다. "제가 죽게 되는 날, 즉 심판의 날에 대한 생각은 오랜 동안 나에게 특별한 즐거움이었습니다." 또 언젠가는 이런 말도 했습니다. "아무데나 내버려도 무방한 내 썩을 육체의 시신을 무덤에 던지는 것이 얼마나 온유하고 자비로운 일인지 모릅니다." 그는 죽음의 날을 언급할 때마다 "영광스런"이라는 말을 사용했고, 그날을 "영광스러운 날"이라고 부르곤 했습니다. 9월 27일 안식일 아침, 이례적인 식욕을 느낀 그는 이것을 임종이 가까웠다는 징조로 여기고 다음과 같은 말을 했습니다. "오늘이 저의 죽음의 날이라면, 제가 그토록 갈망했던 그날이라면, 저는 이것을 주님의 자비로 받아들일 것입니다." 전에 그는 뉴저지에서 오기로 했던 동생이 날짜가 지났는데도 돌아오지 않자 이렇게 말했습니다. "전 제 동생을 다시는 보지 못한다 하더라도 이제 그만 떠나기를 원합니다. 주님과 함께 있게 된다면 누구와 헤어져도 상관없기 때문입니다." 그날 아침, 기분이 어떠냐는 질문에 그는 이렇게 대답했습니다. "나는 지금 거의 영원 안에 들어와 있습니다. 내가 그곳으로 들어가길 애타게 기다리고 있는 것을 하나님은 알고 계십니다. 제가 할 일은 다 끝났습니다. 제 친구들과도 모두 정리되었습니다. 이 세상은 이제 제게 아무것도 아닙니다." 그 다음날 저녁, 그를 포함해서 주변의 사람들이 그가 임종을 맞고 있다고 생각하는 순간, 그는 가느다란 목소리로 "영원"이라는 단어를 반복하며 말했습니다. "저는 곧 거룩한 천사들과 함께 있게 될 것입니다. 그분이 곧 오십니다. 결코 지체하지 않으실 겁니다." 어느 밤에는 잠자리에 들면서 그가 제게 말했습니다. "저는 오늘밤 죽을지도 모릅니다." 그리고 이어서 말했습니다. "하지만 저는 하나도 두렵지 않습니다. 하나님의 뜻이라면 오늘밤 떠나도 괜찮습니다. 죽음이야말로 제가 가장 원하는 것입니다." 그는 가끔 자신을 가리켜 죽는 일 외에는 더 이상 할 일이 없는 사람이라고 말했습니다. 그리고 하나님의 뜻이라면 당장이라도 가길 원한다고 했는데 그때마다 이런 표현을 했습니다. "오, 왜 이렇게 그분의 병거가 더디 오는지!"

그는 행동으로 하나님의 뜻에 전적으로 순종하는 사람이었습니다. 한번은 제게 이런 말을 했습니다. "저는 성령의 부어주심을 애타게 기다려 왔고 교회의 영광스러운 시간을 간절히 원했고, 그 시간이 오길 소망해 왔습니다. 그리고 하나님의 뜻이라면 그때까지 기꺼이 그렇게 살 것입니다. 그러나 지금 이 상태도 좋습니다. 만 개의 세상이 있다 해도 저 자신을 위해서는 어떤 선택도 하지 않을 것입니다."

그는 여러번에 걸쳐 죽음을 소원하는 여러 종류의 동기에 대해 이야기했습니다. 죽음을 바라는 마음에는 저열한 동기도 있고, 아픔을 면하기 위한 동기도 있고, 영광을 얻기 위해 천국에 가고 싶다는 동기도 있는데 그의 이유는 전혀 다른 것이었습니다. 그가 처음 배앓이와 함께 설사를 했을 때 그것이 폐결핵의 마지막이자 가장 치명적인 증상인 것을 알고 이렇게 말했습니다. "오, 마침내 그 영광스런 시간이 오고 있습니다! 하나님을 온전히 섬기길 갈망해 온 제 소원을 하나님이 이제 만족시켜 주실 것입니다." 병상에서 죽음을 목전에 두고 이런 표현을 한 적도 있습니다. "저의 천국은 하나님을 기쁘시게 하고, 그분을 영화롭게 하고, 그분께 모든 것을 드리고, 그분의 영광을 위해 모든 것을 헌신

하는 것입니다. 이것이야말로 제가 갈망하는 천국입니다. 제가 참된 믿음을 가졌다고 생각했던 그 순간부터 품어왔던 저의 신앙이며, 제 기쁨이고 또 그 이후에도 계속해서 저의 기쁨이 되어왔습니다. 이런 믿음을 가진 이들은 저를 천국에서 만나게 될 것입니다. 저는 더 나아지기 위해 천국에 가는 것이 아닙니다. 하나님께 영광을 돌려 드리기 위해 천국에 가는 것입니다. 천국에서 높은 자리에 앉게 될지, 낮은 자리에 앉게 될지는 전혀 중요하지 않습니다. 오직 하나님을 사랑하고, 하나님을 기쁘시게 하고, 하나님께 영광 돌리는 것만이 중요할 뿐입니다. 제게 천 개의 영혼이 있다면—그것들이 가치가 있다면—저는 그 천 개의 영혼 모두를 하나님께 드릴 것입니다. 그러나 그 모든 것을 행했다 하더라도 그분께 드릴 수 있는 것은 아무것도 없습니다. 하나님을 위해 살지 않으면서 행복할 수 있는 이성적인 피조물은 존재하지 않습니다. 하나님도 이것 외에 다른 방법으로 행복하려고 하지 않으셨습니다. 저는 천국에 가서 거룩한 천사들과 함께 하나님을 찬양하며 영광 돌리고 싶습니다. 저의 소원은 오직 하나님을 영화롭게 하는 것입니다. 저의 마음은 무덤에 가 있습니다. 그곳이야말로 제가 소원하는 장소입니다. 오, 하나님께 영광을! 바로 그것입니다. 그 이상의 것은 없습니다. 하나님을 위해 무언가 작은 것을 했다는 사실은 정말 큰 위안이 됩니다. 그러나 그 일은 너무나 작은 것입니다. 하나님을 위해 더 많은 일을 하지 못했다는 사실이 너무나 안타깝습니다. 이 세상은 선을 행하고, 하나님의 사업을 이루고, 그리스도가 하신 일을 하는 것 외엔 가치 있는 일이 전혀 없습니다. 이 세상은 하나님 앞에서 살며, 그분을 기쁘시게 하고, 그분의 뜻을 이루는 일을 제외하고 만족감을 줄 수 있는 일은 아무것도 없어요. 저의 최고의 기쁨과 위로는 복음을 위해 일하고 사람들의 영혼을 위해 애써 왔다는 것뿐입니다."

그의 병세가 심해져 건강을 회복할 수 있다는 기대를 완전히 저버린 후 그의 마음은 온통 지상에 있는 하나님의 교회의 부흥에 가있었습니다. 이것은 그리스도에 대한 순전한 사랑과 그분의 영광을 갈망하는 마음에서 일어난 것이었습니다. 하나님의 영광의 처소인 시온의 영광은 그가 항상 숙고해 왔던 주제였으며 그는 죽음이 가까워 오면 가까워 올수록 더욱더 그러했습니다. 임종에 가까워 오자 그가 제게 말했습니다. "보스톤에서 건강이 극도로 나빠진 이후, 지금처럼 이 땅에서 그리스도의 왕국이 번영하기를 온 마음으로 갈망하고 그 일을 위해 이처럼 진지하게 기도했던 적이 없습니다." 그는 교회의 지도자들과 성도들이 이 일을 위해 뜨겁게 기도하지 않는 것을 이해하지 못했습니다. 그는 스코틀랜드에서 미국으로 이민 온 목회자 기념예배에서 성도들이 마음을 합해 그리스도의 나라를 위해 기도하자고 제안했습니다. 그는 자신의 제안에 대한 사람들의 반응이 시큰둥함을 보고 매우 놀랐습니다. 죽음을 눈앞에 두고서도 그는 교회의 성도들에게 자신의 제안을 받아들이고 그대로 행할 것을 촉구했습니다.

임종 며칠 전에 그의 방을 찾은 저에게 그는 이런 말을 했습니다. "이 땅에 있는 하나님의 교회의 부흥에 대한 생각이 머리에서 떠나질 않습니다. 잠에서 깨어나는 순간부터 하나님이 이 교회에 성령을 부어주실 것과 그리스도의 왕국이 속히 임하실 것을 부르짖게 됩니다. 우리 구주께서 교회를 위해 그토록 고난을 받으셨던 것을 생각할 때 더욱 그렇습니다." 세상을 떠나기 며칠 전, 그는 우리에게 시온의 부흥에 대한 시편의 노래를 불러달라고 했습니다. 그래서 우리는 시편 102편의 몇 구절을 노래했습니다. 노래를 마치자 말하기도 힘겨워하던 그가 안간힘을 쓰며 그곳에 있던 이들과 자신의 회중들을 위해, 그리고 이 땅에 신앙이 온전히 회복되고 부흥하기를 간절히 기도했습니다. 특히 그는 자신이 목회하던 회중이 마음에 많이 걸리는 듯, 자주 그들에 대해 이야기했으며, 그때마다 말로 다 할 수 없는 애정에 겨워 말을 잇지 못하고 흐느끼곤 했습니다.

지금까지 저는 지금 장례를 치루고 있는 탁월했던 그리스도의 종의 성품과 행동을 묘사하기 위해 부족하지만 애를 썼습니다. 그러나 저는 여기에 조금의 과장이나 미화 없이, 하나님 앞에서 두려운 마음을 갖고, 오직 신실하게 증거하려고 했습니다. 우리는 이 위대한 하나님의 종이 이제는 몸을 떠나 주님과 함께 거하며 빛나는 영광의 면류관을 쓰고 있을 것을 확신합니다.

생을 온전히 축복으로 마감한 이런 신앙의 모범 말고 그 무엇이 우리를, 앞으로 더욱 부지런히 충성스럽게 살도록 하며, 우리가 이 몸을 떠날 때 그리스도와 함께 있게 되기를 원하게 만들겠습니까? 그 시간이 오고 있습니다. 그리고 곧 올 것입니다. 이 땅에 있는 모든 것을 뒤에 남겨두고 홀연히 변화되어 썩지 않는 존재를 입고 영원한 세계에 들어갈 날이 얼마나 가까이 있는지 우리는 알 수 없습니다. 오, 그 시간을 생각하면 우리가 수고하고, 고통 받고, 자신을 부인하고, 하늘에 보물을 쌓아두는 일이 얼마나 잘 하는 것인지요! 이보다 더한 평강이 세상 어디에 또 있겠습니까? 반면에 번뇌로 가득하고, 죽지 못해 하루하루를 겨우 살아가며, 더러운 마음과 용서받지 못한 죄와 끔찍한 죄책감과 또 하나님의 거룩한 분노 속에서 병에 걸려 신음하면서 마음에는 아무런 위로도 얻지 못한 채 살다가 속히 임하실 전능하시고 무한히 거룩하시며 진노하시는 하나님의 심판대 앞에서 무섭게 받을 끝없는 고통을 생각한다면 얼마나 낭패스럽겠습니까! 우리가 이제껏 이야기해 온 이 사람, 브레이너드는 그 사실을 너무 잘 알고 있었습니다. 그래서 죽음을 앞두고 이런 말을 했던 것입니다. "영원을 생각하면 너무나 달콤합니다. 다함이 없다는 그 사실에 말입니다. 그러나 오, 악인의 영원을 생각하면 무슨 말을 할 수 있겠습니까! 생각하기도, 말하기도 끔찍합니다!" 또 한번은 하나님과 그분의 영광에 전심을 기울이는 사람에 관해 이런 말도 했습니다. "오, 우리가 죽음을 앞두게 될 때 그런 마음가짐이 얼마나 중요한지요! 그 까닭에 저는 지금 마음이 편안합니다."

지금까지 우리가 이 탁월한 그리스도의 사역자에 대해 살펴본 결과, 그와 같이 자신이 맡은 일에 신실하며, 그와 같이 성령으로 충만해 순전한 열정으로 하나님을 사랑하고, 그와 같이 주님의 나라와 그 영광을 위해 그리고 시온의 부흥을 위해 일해야겠다는 결심이 들도록 우리의 마음을 고무시킨 사람이 어디 있겠습니까? 그리스도의 종으로서 이런 원칙을 견지하고 살았던 그의 말년이 얼마나 복된지요! 머지않아 우리에게도 이 육신의 장막을 떠나야 할 시간이 닥칠 것이며, 추수할 밭으로 우리를 보내신 주님께 돌아가 그간에 우리가 한 일을 보고 드려야 할 때가 올 것입니다. 그러니 허공을 치는 자들 같이 무의미하게 살 것이 아니라, 선한 경주와 믿음의 싸움에 더욱 힘써야 하지 않겠습니까! 또한 오늘 고인에 대해 들은 말들이 우리로 하여금 우리가 감당하고 있는 하나님의 위대한 사역들 속에서 그분의 도우심을 얻기 위해 그분께 더욱 의지할 것과 성령의 충만을 사모할 것과 고인이 평소에 그랬던 것처럼 금식과 기도를 통해 성공적인 사역을 담당하도록 고무하고 격려하게 만들어야 하지 않겠습니까? 고인은 자신의 경험에서 나온 이러한 권고들을 임종 시에 그의 곁에 있던 목회 지망생들에게도 유언처럼 남겼습니다. 그는 종종 목회자들이 그리스도의 영으로 충만해야 할 필요성에 대해 말하면서 그렇지 못할 경우, 그들이 할 수 있는 일은 거의 없음을 분명하게 지적했습니다. "목회자들이 하나님의 영으로 인도하심을 받을 때 그들은 항상 양심에 부끄럽지 않게 살 수 있지만, 하나님의 영이 계시지 않을 경우엔 어떤 논리와 말재주를 부린다 하더라도 난관에 봉착하게 됩니다."

오, 오늘 우리가 보고들은 이 놀라운 한 사람에 대한 일, 그의 성결함과 경건함, 수고와 자신을 비운 생애, 그의 마음과 사역에 대한 열정, 죽음을 기다리면서도 초연했던 확고한 마음가짐, 그가 겪어야 했던 모든 고통과 어려움들이 여기 모인 우리 모두에게-사역자이건 평신도이건 간에-도전을 주고 있습니다. 그의 죽음은 우리로 하여금 이 땅에서 감당해야 할 사역에 대해 되돌아보게 만들며, 참된 신앙인으로서의 생을 마무리할 수 있는 축복과 이 몸을 떠나 주님과 함께 하게 될 내세에서 받을 무한한 상급에 대해 큰 깨우침을 줍니다. 주께서 우리 모두에게 이와 같은 거룩한 삶을 살아갈 힘을 주시고 모든 성도가 마침내 그와 같은 복된 마지막을 맞을 수 있도록 해주시기를 바랍니다. 아멘.

최후의 원수

로라 멘든홀

부활절을 코앞에 두고 교우 중 어린 여자 아이가 짧고도 고통스러운 삶을 마감했을 때 로라 멘든홀은 자상하면서도 신학적인 답변을 해주었다. 이 글은 "인생이 봄날 같이 화창하기만 하지 않을 때"를 위한 부활절 설교다.

 이 설교문은 이야기 형식의 설교가 어떻게 신학적 의미를 담을 수 있는지에 대한 가능성을 잘 보여준다. 멘든홀 박사는 한 어린아이가 이 땅에 태어나서부터 마지막 날까지를 이야기 형식으로 전달함으로써 삶의 예기치 못한 비극들을 지혜롭게 다루는 동시에 세례, 부활, 기도 그리고 어떤 상황에서든지 흔들리지 않는 믿음에 대해 말한다.

 멘든홀은 이 설교를 1998년 부활 주일에 시무하고 있던 텍사스 오스틴에 있는 웨스트민스터 장로교회에서 선포했다. 현재 멘든홀은 조지아 주 컬럼비아 신학교의 학장으로 재직 중이다.

최후의 원수

내가 예루살렘을 즐거워하며 나의 백성을 기뻐하리니 우는 소리와 부르짖는 소리가 그 가운데서 다시는 들리지 아니할 것이며, 거기는 날 수가 많지 못하여 죽는 어린이와 수한이 차지 못한 노인이 다시는 없을 것이라. 곧 백세에 죽는 자를 젊은이라 하겠고 백세가 못되어 죽는 자는 저주 받은 자이리라. 그들이 가옥을 건축하고 그 안에 살겠고 포도나무를 심고 열매를 먹을 것이며, 그들이 건축한 데에 타인이 살지 아니할 것이며, 그들이 심은 것을 타인이 먹지 아니하리니 이는 내 백성의 수한이 나무의 수한과 같겠고, 내가 택한 자가 그 손으로 일한 것을 길이 누릴 것이며, 그들의 수고가 헛되지 않겠고 그들이 생산한 것이 재난을 당하지 아니하리니, 그들은 여호와의 복된 자의 자손이요 그들의 후손도 그들과 같을 것임이라.

이사야 65:19-23

> 아담 안에서 모든 사람이 죽은 것 같이 그리스도 안에서 모든 사람이 삶을 얻으리라. 그러나 각각 자기 차례대로 되리니 먼저는 첫 열매인 그리스도요, 다음에는 그가 강림하실 때에 그리스도에게 속한 자요, 그 후에는 마지막이니 저가 모든 통치와 모든 권세와 능력을 멸하시고 나라를 아버지 하나님께 바칠 때라. 저가 모든 원수를 그 발아래 둘 때까지 반드시 왕 노릇 하시리니 맨 나중에 멸망 받을 원수는 사망이니라.
>
> 고린도전서 15:22-26

지난 수세기 동안 교회는 세례식을 부활절에 거행해 왔습니다. 그 이유는 부활절에 베푸는 세례가 우리에게 세례의 의미를 깊이 되새겨 주기 때문입니다. 금번 부활절에 우리 교회도 세례식을 거행할 예정입니다. 하지만 올해 우리는 조금 일찍 부활절 세례식을 거행하게 되었습니다. 저는 오늘 우리 삶이 화창한 봄날 같지 않을 때에라도 우리에게는 부활의 이야기가 있다는 사실을 여러분에게 상기시켜 드리기 위해 조금 이르기는 하지만 세례식에 대하여 말씀드리고자 합니다.

두 주 전 금요일 오전, 설교 준비를 하고 있던 중에 저는 교회의 젊은 부부로부터 전화 한 통을 받았습니다. 부부는 그 전날 수술을 받았던, 태어난 지 겨우 열흘 된 딸아이가 오늘을 넘기지 못할 거라는 의사의 말을 듣고 저에게 전화를 했던 것입니다. 그 부부는 원목(院牧)이 아기에게 세례식을 행할 채비를 하고 있다며 제게 지금 와 줄 수 있는지 물었습니다. 저는 곧바로 출발하겠다고 말하고서는 서둘러 마을 건너편에 있는 브리큰리지 병원으로 달려갔습니다.

"아기가 죽기 전에 도착할 수 있도록 서둘러야겠군. 그런데 죽어가고 있는 아기에게 세례를 주는 게 맞는 건가? 아니지, 예수님의 사랑을 깨닫고 따르기로 결심할 수 있는 나이가 될 때까지 살 수 없는 아이에게 세례를 주는 게 당연하지. 세례가 하나님의 신실하심을 상징하는 것이라면 세례를 베풀고 말고 할 권리가 나한텐 없어. 그럼, 어린아이뿐 아니라 어떤 신자라도 말이야." 주차할 곳을 찾는 저의 머릿속에는 이렇게 수많은 질문들과 생각들이 떠올랐습니다. 감사하게도 하나님은 제가 그곳에 도착했을 때까지 아이의 생명을 연장해 주셨습니다.

겨우 3.4킬로그램 밖에 안 되는 예쁜 여자 아이의 가슴에는 선명한 수술 자국이 나있었습니다. 십여 개의 튜브와 호스 사이를 헤치고 손을 뻗어 아기의 발과 손을 어루만지고 자그마한 무릎을 쓰다듬었습니다. 하지만 정작 저는 이 젊은 부부에게 생명이 꺼져가는 이 어린 아기에게 세례를 줘야하는 이유에 대해 말하기 두려웠습니다.

저는 부부에게 딸아이에게 세례를 주는 이유는 아기를 하나님께 이끌기 위한 것이 아니라고 대략 얼버무렸습니다. 하나님은 이미 그 아기를 잘 알고 계시기 때문입니다. 시편 기자는 이같이 기도했습니다.

> 내가 주께 감사하오음은
> 나를 지으심이 심히 기묘하심이라.
> 주께서 하시는 일이 기이함을 내 영혼이 잘 아나이다.(시 139:14)

하나님은 이 아기를 그 부모들보다 먼저 알고 계셨습니다. 이 아이에게 세례를 주는 이유는 하나님의 관심을 끌기 위해서가 아니었습니다. 하나님은 이미 그들 모두를 어루만지고 위로하고 계셨습니다. 그렇기 때문에 아기에게 주는 세례는 그 아이를 하나님께 이끌기 위한 절차가 아니었습니다.

세례식은 응급처치 같은 것도 아닙니다. 죽음을 목전에 둔 아이 앞에서 사람들은 이 어린아이가 왜 그렇게 빨리 죽어야 하는지에 대한 답하기 어려운 여러 질문들이 떠올랐을 것입니다.

도대체 왜 이 아이가 장애를 가지고 태어나야 했을까?

다른 사람에겐 성공적이던 수술이 왜 이 아이에겐 실패했을까?

오랫동안 기다렸고 사랑 받았던 한 생명이 왜 이렇게 허무하게 끝나야 하는가?

우리는 알 수 없습니다. 우리가 알 수 있는 것이라고는 삶과 죽음을 막론하고 우리는 하나님께 속해 있다는 것뿐입니다. 생사를 막론하고 우리는 이 어린아이는 하나님께 속해 있다는 것을 믿고 있습니다. 그 아이가 세례를 받지 않았다 하더라도 하나님은 이미 그 아이를 아셨고, 사랑하고 계셨기 때문입니다. 세례는 그저 그 아이가 영원히 그리스도께 속했음을 나타내는 표시일 뿐입니다.

설교를 짧게 정리하고 저는 아이에게 세례를 행할 마음의 준비를 했습니다. 제게 세례에 쓸 세례수를 건넨 원목은 가능하면 빨리 이 자리를 벗어나길 바라는 눈치였습니다. 세례수를 아이의 교회의 장로인 할아버지에게 건네주면서 아무생각 없이 예식에 따라 그 부부에게 물었습니다. "그대는 이 세상에 있는 마귀와 그 권세들을 대항합니까?" 오, 이런 질문을 하다니! 도로 주워 담을 수만 있다면 악에 대해 말했던 그 말을 다시 담고 싶었습니다. 그러나 이 질문은 그들이 마귀를 부인하느냐는 질문이 아니라 마귀의 권세에 대해 저항하느냐는 것이었습니다. 어쨌든 저는 그들에게 대답을 강요하지 않기로 했습니다. 곧바로 저는 아이의 가족들에게 예수 그리스도께로 돌이켜 그분의 은혜와 사랑을 의지하겠냐는 질문을 했습니다. 이런 상황에서 하나님을 의지하라는 요구조차 무리일 거라고 생각했습니다. 그런데 부부는 제가 세례 기도문을 낭독할 때 고개를 끄덕였습니다.

> 생명을 연장시키는 물을 주신 주께 감사하며 구하옵기는
> 우리를 지켜주실 것을 눈물로 기도합니다.
> 천지가 어떻게 창조되었는지를 기억합니다.
> 혼돈과 공허 속에서 주께서 생명과 질서를 창조하신 것 같이

우리의 혼돈을 거두시고 생명을 지으시기를 기도합니다.
홍수 속에서 노아를 버리지 않으셨던 주를 기억하며
우리를 이 위기에서 구원해 주실 것을 간구합니다.
히브리 백성들을 위하여 홍해를 가르셨던 주를 기억하며
죽음의 물을 가르고 저희를 구해 주실 것을 간구합니다.
주께서 세례를 받으시는 예수님을 향해
이는 내 사랑하는 아들이라 선포하셨듯이
이 어린 영혼을 주님의 것이라 선포하시길 간구합니다.

세례를 주면서 저는 이 아이가 그리스도와 함께 장사되는 것 같이 기도했습니다. 예수님이 부활하셨듯이 이 아기 역시 새 몸으로 부활할 것입니다.

저는 아기에게 자기를 태어나기도 전에 이미 알고 계셨던 성부의 이름과 자기를 위해 죽으시고 부활하신 성자의 이름과 자기를 위해 지속적으로 중보하시는 성령의 이름으로 세례를 주었습니다. 이 간단한 의식을 통해 우리는 그 아이를 영원히 예수님의 것으로 드러낸 것입니다.

세례수를 건네받다가 손이 떨려 그만 물을 쏟았습니다. 세례식을 제대로 마칠 수 있을까? 그럴 수 있겠지? 오, 제발 그래야 할 텐데…. 세례식은 종종 자리를 함께한 이들에게 은혜를 끼치곤 합니다. 제가 얼마 남지 않는 물을 내려놓고 돌아섰을 때, 젊은 아기 엄마가 의자에 앉아 있는 것이 보였습니다. 간호사가 그녀에게 괜찮냐고 물었습니다. "네, 괜찮아요. 이제 더 이상 두렵지 않아요." 세례수가 그녀에게 튀었던 것일까요?

세례를 통해 우리가 그리스도와 함께 장사될 때 우리는 옛 생활방식, 두려움에 지배 받던 삶 그리고 하나님과 분리되었던 삶에 대해 죽은 자가 됩니다. 세례를 통해 우리가 그리스도와 함께 일으키심을 받을 때 우리는 새로운 생활방식, 우리를 절대로 버리지 않으시고 우리를 다시 살리실 하나님을 의지하는 새 삶을 사는 산 자가 됩니다. 그러므로 우리는 죽음을 목전에 두었다 할지라도 살 수 있습니다. 세례를 통해 죽음을 눈앞에 두었던 이 젊은 엄마는 또한 부활을 눈앞에 두고 있는 것입니다.

그날 우리는 하나님이 우리 기도를 듣고 계시다는 징표를 받았습니다. 물론 제 말은 우리가 하나님을 믿기 위해서 꼭 징표가 필요하다는 것은 아닙니다. 우리에게 언제나 징표가 필요하다면 믿음은 필요가 없을 것입니다. 보통 우리는 하나님이 우리의 기도를 들으시고 우리를 그냥 버려두지 않으실 것을 믿고 기도합니다. 하지만 그날 우리는 지속적으로 기도했고 그 기도가 응답받았음을 알 수 있었습니다.

점심 무렵이 되어서야 저는 설교 준비를 계속하기 위해 집에 들렸다가 오후에 다시 병원에 갔습니다. 병실에 들어서자마자 아기의 상태가 심각하게 악화되었음을 알 수 있었습니다. 슬픔으로 몸과 마음이 녹초가 된 가족들을 보살핀 후 저는 간호를 자청하고 아기 침대 옆에서 모니터를 주시하며 아기의 작은 손과 발을 어루만졌습니다. 시간이 지나면서 아이의 심장박동이 약해지기 시작했습니다. 저는 가족들과 함께 아이를 위해 다시 기도하라고 했습니다. 가쁜 숨을 몰아쉬고 있는 갓난아기가 누워 있는 침대를 가족들이 에워싸고 섰을 때, 제 마음은 찢어지는 것 같았습니다. 그리고 용기를 내어 부부에게 예수님께 이 아기를 본향으로 데려가 주시길 기도해도 되겠냐고 조심스레 물었습니다. 그들은 침통한 표정으로 고개를 끄떡였습니다.

우리가 가슴 아픈 기도를 드리고 있는 사이 간호사가 병실 안으로 들어왔음을 느낄 수 있었습니다. 기도를 끝내고 눈을 떴을 때 간호사는 침대 위에 달린 모니터를 주시하고 있었습니다. 모든 계기판의 눈금이 정지되어 있었습니다. 예수님은 우리의 기도를 들어주셨고, 그것으로 어린 생명의 세례식은 마치게 되었습니다.

우리의 기도가 항상 응답의 표시를 받는 것이 아님을 여러분도 잘 아시겠지요. 그러나 그날의 세례식은 우리가 하나님께 속해 있음을 드러내주는 징표였습니다. 부활절의 빈 무덤은 우리의 생사여부와 상관없이 우리가 하나님께 속해 있다는 표징이 되었습니다. 부활절 세례식을 통해 우리는 삶과 죽음이 어떻게 최후의 원수인 죽음을 이기신 예수님의 승리와 연관되어 있는지 이해하게 됩니다. 그리스도의 심오한 은혜의 표지를 통해 우리는 새 생명을 받았으며, 심지어 죽음을 목전에 두고서도 그 생명을 볼 수 있게 되었습니다. 동시에 우리는 사랑과 정의와 자비가 충만한 새 생명으로 부르심을 받았습니다.

우는 소리와 부르짖는 소리가 그 가운데서 다시는 들리지 아니할 것이며 거기는 날 수가 많지 못하여 죽는 어린이와 수한이 차지 못한 노인이 다시는 없을 것이라…그들이 가옥을 건축하고 그 안에 살겠고 포도나무를 심고 열매를 먹을 것이며…그들의 수고가 헛되지 않겠고 그들의 생산한 것이 재난을 당하지 아니하리니…이리와 어린 양이 함께 먹을 것이며…나의 성산에서는 해함도 없겠고 상함도 없으리라.(사 65:1-5)

바로 최후의 원수가 멸망당했기 때문입니다. 주님께 감사를 드립니다.

너의 무덤 곁에 서서

제프리 뉼린

제프리 뉼린의 설교는 한 어린 생명의 죽음에 대하여 언급하는 것이 아니라 만성절(기독교 성인들을 기리는 가톨릭 축일—옮긴이)에 대한 것이라는 점에서 이 책에 수록된 다른 설교들과 구별된다. 뉼린은 프리드리히 슐라이어마허, 윌리엄 슬로언 코핀 그리고 존 클레이풀의 설교를 인용해 고통을 현실적인 인간의 경험으로 풀이하며 이에 대한 기독교적 이해를 시도한다.

    제프리 뉼린은 미국 장로교 소속의 레이드 메모리얼 장로교회에서 시무했으며, 목회 현장에서 은퇴한 현재는 미국 전역을 순회하며 여러 강연과 세미나의 설교자로 섬기고 있다.

너의 무덤 곁에 서서

보라, 아버지께서 어떠한 사랑을 우리에게 베푸사 하나님의 자녀라 일컬음을 받게 하셨는가. 우리가 그러하도다. 그러므로 세상이 우리를 알지 못함은 그를 알지 못함이라. 사랑하는 자들아, 우리가 지금은 하나님의 자녀라 장래에 어떻게 될지는 아직 나타나지 아니하였으나 그가 나타나시면 우리가 그와 같을 줄을 아는 것은, 그의 참모습 그대로 볼 것이기 때문이니 주를 향하여 이 소망을 가진 자마다 그의 깨끗하심과 같이 자기를 깨끗하게 하느니라.

요한일서 3:1-3

오늘 우리는 지난 수백 년에 걸쳐 주님을 신실하게 섬겼던, 우리의 믿음의 선배들을 생각하고 감사드리는 만성절을 보내고 있습니다. 이 분들의 증거가 없었더라면 우리는 오늘날과 같은 믿음을 가지지 못했을 것입니다. 더불어 우리는 작년 한 해 동안 세상을 떠난 우리 교우들로 인해 하나님께 특별한 감사를 드립니다. 작고한 성도들의 가족과 친족들이 지금 이 자리에 함께 하셨는데, 그분들이 당했던 슬픔과 고통을 우리 모두가 함께 나누고 있다는 사실을 알려드리고 싶습니다. 사랑하는 사람을 잃은 경험은 사실 완전히 치유되기 어렵습니다. 그러나 시간은 많은 것을 회복시켜 줍니다.

한편 시간이 슬픔을 치유하기도 하지만 시간은 우리에게 더 큰 슬픔을 제공하기도 합니다. 시간이 되면 죽음은 우리와 우리가 사랑하는 사람들 모두를 데려갈 것이기 때문입니다. 따라서 오늘 말씀이 슬픔을 당한 가족만이 아니라 살아 있는 모든 이들에게 위로가 되기 바랍니다. 이 말씀을 통해 우리 모두가 죽음의 시간에 직면했을 때 현명하게 그 슬픔을 맞이할 수 있게 되기를 소망합니다.

중세 교회의 장점 중 하나는 교인들에게 "죽는 법"을 훈련시켰다는 것입니다. 중세 사람들은 현대의 우리들보다 죽음을 접할 기회가 훨씬 더 많았습니다. 그들에게 죽음은 늘 곁에 머무는 동반자와도 같았습니다.

중세에는 아기들이 일찍 죽었고 전염병을 필두로 해서 각종 질병이 창궐하고 전쟁이 만연했습니다. 비록 현대의 우리에게는 중세 시대와 같은 죽음의 위협은 없지만, 교회는 그들과 같이 "죽는 법"을 가르치는 사역을 감당해 우리의 삶을 좀더 깊이 있고 성숙하게 만들 필요가 있습니다. 우리는 중세 시대의 선조들처럼 무덤 곁에 서서 우리의 생을 뒤돌아 볼 필요가 있습니다.

저는 오늘 이 아침에 세 사람의 뛰어난 기독교 설교자들의 예를 빌려 죽음에 관한 말씀을 나누고자 합니다. 첫 번째 인물은 기독교 역사에 있어서 큰 사상가요 신학자로 손꼽히는 19세기 독일 신학자 프리드리히 슐라이어마허입니다. 그는 특별히 당시에 범람하던 근대 과학과 성서 비평주의의 물결에 맞서 기독교 신앙을 정립하고자 했던 분입니다. 두 번째 인물은 예일대 출신으로 뉴욕 리버사이드 교회의 담임 목사를 지냈으며 저명한 기독교 운동가였던 윌리엄 슬로언 코핀입니다. 그리고 마지막 세 번째 인물은 남 침례교단에 속해 있다가 현재는 성공회 사목으로 사역하고 있는 존 클레이풀입니다.

지금 소개한 세 분은 우리에게 죽음에 대해 유익한 교훈을 준 분들입니다. 이 분들의 공통점은 바로 자기 자녀의 죽음이라는 가장 아픈 경험을 토대로 설교를 했다는 사실입니다. 슐라이어마허의 아들 나다나엘은 병으로 어린 나이에 세상을 떠났고, 코핀의 아들 알렉스는 스물네 살 되던 해에 교통사고로 죽었으며, 클레이풀의 딸 로라는 백혈병으로 열 살까지밖에 살지 못했습니다.

죽음이라는 괴물을 만났을 때 어떤 사람은 침묵으로 그 상황을 헤쳐 나갑니다. 어떤 사람은 말을 통해 그 슬픔을 극복해 나가기도 합니다. 여러분이 방금 제가 언급했던 세 분의 장례식 설교를 읽어보신다면 그분들이 자신이 시무하던 교회의 성도들에게 덕을 끼치기 위해서 그 설교를 한 것이 아니라, 자신이 겪고 있는 고통을 정직하게 들여다보는 과정을 통해서 자신들의 아픔을 덜 수 있었다는 것을 금방 알게 되실 것입니다. 사실 그 세 분의 설교문에 배어 있는 아픔과 고뇌는 눈물 없이는 읽기 어려울 정도입니다.

슐라이어마허는 그의 설교에서 말합니다. "수많은 먹구름들이 내 인생을 스쳐 지나갔습니다. 그러나 그것들이 밖에서 몰려왔을 때 믿음은 성장했고 안에서 몰려왔을 때 사랑은 보답했습니다. 그렇지만 뭔가로 얻어맞은 것 같은 이번 일만큼은 내 삶을 송두리째 흔들고 있습니다."

이 세 사람은 모두 삶의 근간이 송두리째 흔들리는 경험을 했습니다. 그 고통이 얼마나 심했던지 믿음을 완전히 잃을 뻔했을 정도였습니다. 희망이나 기쁨, 삶의 목적 같은 것을 기독교에서 다시 찾을 수 있을지 장담할 수 없을 정도로 말입니다. 그래서 그들은 위로를 찾아 처절하게 헤맸습니다. 그들의 동료들은 그들을 진정으로 위로하기 위해 애썼고 여러 길들을 그들 앞에 제시했지만 결과는 실망뿐이었습니다. 의미심장한 것은 이들의 설교가 지금 그들이 가고 있는 그 길이 무엇인지에 대한 자각과 함께 시작됐다는 것입니다.

그들이 첫 번째로 거절했던 막다른 길은 이런 것이었습니다. "울지 마라! 세상을 일찍 떠난 아이들은 이 세상에서의 어려움과 유혹들에게서 구출 받고 먼저 천국으로 간 것이다." 이런 식의 위로는 종종 천국을 여러 가지 다복스런 이미지를 생각하고 그곳의 긍정적인 부분을 극단적으로 강조할 때 생기는 것입니다. 하나님 앞에서 행복하게 살 아이를 생각하면 그 아이 때문에 슬퍼할 사람이 누가 있겠습니까!

그러나 이 길은 슐라이어마허에게 아무런 위로가 되지 못했습니다. 그는 이 세상이 천국은 아니라는 것을 잘 알고 있었지만 이 세상이 갖고 있는 긍정적인 부분 또한 잘 알고 있었습니다. 그는 현세에서의 삶은 그리스도를 통해 영광을 받고 성령을 통해 높임을 받는다는 것을 강조해 왔습니다. 그는 지상에서 사는 동안 믿음의 가정에서 기독교적으로 양육 받고 기독교 공동체를 통해 많은 복을 누린 사람이었습니다. 그런 그가 어떻게 자신의 아들에게 그와 같은 동일한 기대를 하지 않을 수 있었겠습니까? 그래서 그는 자신의 아들에게 주어진 시간이 그토록 짧았다는 사실에서 위로를 찾을 수 없었던 것입니다.

슐라이어마허는 이 상실감을 채워줄 수 있을지도 모를 천국의 놀라운 이미지도 자신에게는 해답보다는 질문만 일으킬 따름이라고 말했습니다.

이 세 사람의 설교에서 배제된 두 번째 막다른 길은 "하나님의 뜻이 있겠지"라는 위로의 말이었습니다. 어떤 일이든 우리는 하나님의 뜻으로 받아들이고 체념해야 한다는 것입니다. 클레이풀은 이 길은 고대로부터 내려온 지혜이긴 하지만 스토아적인 지혜일뿐 기독교적인 것은 아니라고 지적합니다. 기독교는 하나님을 비인격적인 어떤 힘이라고 가르치지 않습니다. 기독교의 하나님은 힘 그 이상의 존재입니다. 그분은 사랑이십니다. 그러므로 운명의 힘 앞에 체념하는 것은 기독교적이지 않습니다. 그리스도인이 자신을 체념해야 할 때는 사랑 앞에서입니다.

클레이풀 목사만큼 자제력이 있거나 철학적이지 않았던 코핀 목사는 사람들이 이런 식의 위로의 길을 제시하자 그만 폭발하고 말았습니다. 키시를 들고 방문했던 중년 부인이 "도대체 하나님의 뜻은 알 수가 없단 말이에요"라고 하자 그는 순간적인 분을 참지 못하고 그 부인에게 쏘아붙였습니다. "제발 그런 식으로 말하지 마세요!" 코핀 목사가 그 부인에게 화를 냈던 이유는 그녀의 그릇된 생각을 교정하려는 것뿐 아니라 화를 내는 것이 자신에게 위로가 됐기 때문이었습니다.

코핀 목사는 아들 알렉스의 죽음이 하나님의 뜻이었다는 생각이 아니라 그와 정반대의 깨달음을 통해 위로를 발견했습니다. 그의 말입니다. "알렉스의 죽음이 하나님의 뜻이 아니었다는 것이 제게 위로가 되었습니다. 성난 파도가 바다 한가운데 처박힌 알렉스의 연약한 육체를 덮쳐 산산이 부서뜨렸을 때 가장 먼저 가슴이 무너져 내린 분은 바로 하나님이셨습니다."

하나님의 뜻이라며 자신을 덮친 불행 앞에서 체념하는 것은 클레이풀이나 코핀 목사 누구에게도 위로가 되지 못했습니다. 왜냐하면 추상적이고 비인격적인 방식으로 하나님께 가까이 가려는 어떤 시도도 그들에게 가장 절실했던 것, 즉 하나님의 존재를 인격적으로 경험하는 데에 아무런 도움이 되지 않았기 때문입니다.

이 분들의 설교에 나타난 세 번째의 막다른 길은 막연한 대답과 피상적인 위로, 특히 모범 답안 같이 정확한 성구를 들먹거리며 위로하는 것이었습니다. 클레이풀 목사는 말합니다. "저는 언젠가 그분이 자신이 하신 일과 그 모든 일들이 어떻게 절묘하게 맞아 떨어졌는지에 대해 설명해 주실 것을 믿습니다. 하지만 지금은 그때가 아닙니다." 가볍고 피상적인 몇 마디 위로의 말로 간단히 해소되기에는 그가 당한 아픔은 너무나 컸습니다. 겨우 열 살밖에 안 된 딸이 이를 악물며 아픔을 참아내고 그 아픔을 잊기 위해 발버둥을 치고, 제발 이 끔찍한 아픔을 가져가 달라고 하나님께 기도하는 소리를 들어야 했던 부모라면 그냥 배설하는 것 같은 그런 가벼운 말들에 어떻게 만족할 수 있겠습니까?

"아빠, 하나님께 기도했어?" 어린 딸 로라가 그에게 묻습니다. "그래, 했단다." 클레이풀이 대답합니다. "하나님이 나 아픈 거 언제 없애 준다고 했어, 응? 아픈 거 언제 없애 준다고 했냐고?" 딸아이의 질문은 그의 뇌리를 떠나지 않았음에도 클레이풀은 결국 하나님이 거기에 대해 아무런 대답도 해주지 않으실 것임을 인정해야 했습니다.

이런 아픔을 해결해 줄 손쉬운 답을 가지고 있는 사람은 존재하지 않습니다. 가장 간단한 해결책이 있다면 그건 바로 절망일 뿐입니다. 클레이풀 목사가 자기 자신에게 질문을 하면서 직시해야만 했던 바로 그런 절망 말입니다. "사랑, 삶의 목적, 하나님 아버지에 대해 논했던 우리의 모든 말들이 실상은 보잘것없는 그저 공허한 인간들의 환상이 아니었겠는가!"

코핀 목사가 자신을 위로 차 찾아온 부인을 향해 분노를 폭발했던 것처럼, 클레이풀 목사는 그것도 위로랍시고 몇 마디 적당한 성구를 인용하는 것으로 끔찍한 아픔에 대한 답을 줄 수 있을 거라 생각했던 동료 목회자들에게 화를 냈던 것입니다. 코핀 목사는 그들이 불행을 만난 인간의 상태를 진심으로 이해하려고 하기보다는 그저 몇 마디 적절한 성구를 외우는 것에만 열심을 내고 있다고 생각했습니다. 그들은 자기들은 도저히 겪어보지 못한 절망으로부터 스스로를 방어하는 한 방편으로 말씀을 오용하고 있었던 것입니다.

"성경의 말씀은 모두 진리입니다." 코핀 목사는 그의 설교에서 말했습니다. "그러나 슬픔은 그 진리를 비현실적으로 만들어 버립니다. 슬픔의 실체는 하나님의 부재입니다. — 나의 하나님, 나의 하나님, 어찌하여 나를 버리시나이까?" — 슬픔으로 가득한 상황은 철저한 외로움이며, 심장이 조각나는 것 같은 참담함이며, 아무것도 생각나지 않는 무념(無念) 같은 것입니다. 시인 바이런은 '세상이 주는 기쁨 중 영원한 것은 없다'고 말했습니다."

그래서 오늘 소개한 세 분의 설교자들은 죽음을 격렬한 원수라고 명명하며, 단선적인 논리에 젖어 있는 신학과 아무런 도움이 되지 않는 무지한 위로를 배척하는 것으로 설교를 시작합니다. 하지만 특이한 것은 그들 중 아무도 동일한 결론을 내리지 않는다는 것입니다. 그래서 그들의 글이 설교가 되는 것입니다. 세 사람 모두 설교가 끝나기 전에 어떤 해결책을 제시하고, 소망을 찾아주며, 힘을 북돋기 때문입니다. 그들이 찾은 해결책은 자신들의 질문에 대한 대답이 아니라(사실 그들은 처음부터 답을 찾을 수 있으리라 기대하지 않았습니다), 오히려 자신들의 겪는 고통을 통해서 하나님을 진정으로 만났다는 새로운 신뢰감에서 얻게 된 것이었습니다.

그분들이 여러분을 향해 하는 말씀은, 로라가 죽기 직전 그의 동료가 클레이풀 목사에게 한 말과 비슷합니다. 우리는 순수한 아이들이 당하는 고통에 관해 줄 수 있는 어떤 말도 가지고 있지 않지만 "하나님은 우리에게 설명해 주실 게 많으십니다."

우리는 이 분들이 말씀을 통해 하나님의 임재를 느끼게 되었다는 점도 주목할 필요가 있습니다. 슐라이어마허는 그의 위로와 소망은 오직 말씀에서 온다고 말합니다. "그가 나타내심이 되면 우리가 그와 같을 줄을 아는 것은 그의 계신 그대로 볼 것을 인함이니" 또 그는 주님의 위대한 대제사장의 중보기도 가운데 "아버지여, 내게 주신 자도 나 있는 곳에 나와 함께 있어"를 인용하기도 합니다.

클레이풀은 이삭을 제물로 바칠 것을 요구했던 하나님이 이삭을 다시 아브라함에게 돌려주셨던 구약의 이야기에서 위로를 찾았습니다. 동료 성직자들의 모범답안 같은 성구들을 통해 공허한 위로밖에 받을 수 없었던 코핀은 자신의 설교 막바지에서 성경 말씀들을 인용합니다.

또 한 가지 주목할 점은 세 사람 모두 그들의 설교를 하나님께 감사드림으로써 마무리한다는 사실입니다. 슐라이어마허는 욥의 고백에 빗대어 말했습니다. "주님이 이 아이를 주셨습니다. 제가 주님의 이름을 찬양함은 당신께서 이 아이를 제게 주셨기 때문입니다. 비록 짧기는 하였지만 기쁘고, 명랑했던, 당신의 사랑의 은혜 안에 있는 따뜻한 생을 이 아이에게 허락하셨습니다."

코핀은 "하늘에 떠있는 빛나는 샛별" 같았던 자신의 아들로 인해 감사드렸습니다. 클레이풀의 설교 주제는 우리가 거절당한 것만 보고 상심하지 말고 받은 것에 대해 감사하는 마음을 갖는 것이 상실의 산에서 안전하게 내려올 수 있는 유일한 길이라는 것이었습니다.

말씀을 통해 하나님의 위로를 받고 그들이 받은 축복으로 인해 감사를 드릴 수 있었던 세 설교자 가운데 특히 코핀은 그 아픔의 시련 속에서 얻은 지혜로 인해 더욱 큰 위로를 받게 되었습니다. 그는 고백합니다. "우리들 중 극소수만이 깊은 심성을 지니고 태어납니다. 우리들 대부분은 강제로 막다른 골목에 몰려봐야 그것을 배우게 됩니다." 그리고 그는 로버트 브라우닝 해밀턴의 시를 인용합니다.

나는 쾌락과 함께 1마일을 동행했지.
쾌락은 함께 걷는 내내 조잘거렸지만
나는 하나도 지혜로워지지 않았다네.

그녀는 그저 지껄이기만 했지.
나는 슬픔과 함께 1마일을 동행했지.
슬픔은 단 한마디의 말도 없었다네.
그러나 오, 슬픔이 나와 함께 걸었을 때
내가 그녀에게 배운 것들이란!

여러분, 믿어지십니까? 위로 차 방문했던 중년 부인에게 화를 냈던 코핀의 행동에 비춰볼 때, 동료 목사들 입에서 나온 무의미한 위로의 성구에 상처받았던 그에게 누군가가 또 다시 하나님의 말씀으로 위로를 해보려고 했다면 이성을 잃지 않았을까요? 그런데도 그는 동일한 말씀을 그 자신에게 적용하며 그 안에서 위로를 찾을 수 있었습니다.

놀랍지 않습니까? 단순한 믿음을 비판하는 것으로 시작된 세 분의 설교에서, 그분들이 마침내 발견해서 회중에게 준 해결책 역시 단순한 것이었습니다. 물론 둘 사이에는 커다란 차이점이 있습니다. 그것은 그분들에게는 그 답을 찾는 과정에서 그분들이 체험했던 슬픔과의 투쟁이 있었다는 것입니다. 이것이 이 설교들이 단순함을 넘어서 우리에게 깊은 감동을 주는 이유입니다.

우리가 슬픔을 해결해 내는 길은 과정입니다. 시간이 모든 것입니다. 어떤 시점에 적절하지 않았던 것이 다른 시점에선 생명줄이 될 수도 있습니다. 상실의 고통을 겪게 되는 사람은 처음에 그 아픔을 솔직히 인정하고 마음 깊이 느끼는 일이 필요합니다.

이 과정을 겪지 않고는 아무도 슬픔의 문제를 제대로 해결할 수 없습니다. 죽음이란 경험은 하나님의 부재와 다를 바가 없다는 사실을 정직하게 인정해야 합니다. 그것을 부인하는 것은 경건한 거짓말에 불과하며 이것은 누구의 말도 들을 수 없게 합니다.

그러나 그 사람이 공허와 절망의 현실과 죽음의 무의미함을 인정하게 될 때 그는 또한 자신이 처한 어두움 속에 무언가 존재한다는 사실을 인정할 준비를 할 수 있게 됩니다. 처음에는 지평선 위로 희미하게 보이기 시작하는 한 줄기 빛이 시간이 지나면 따뜻하게 달아오르는 빛이 되어 모든 것을 덮어버리는 것처럼 말입니다. 거기에 사랑이 있습니다. 행복했던 추억과 감사도 있습니다. 무엇보다 거기 하나님이 계십니다. 장밋빛으로 가득한 화려한 신학에 근거한 단순한 삶보다 절망을 토대로 한 단순한 삶이 우리에게 필요합니다. 무엇보다 살아계신 하나님과의 접촉만이 우리에게 만족을 줄 수 있습니다.

바로 이것이 우리가 서로를 이토록 필요로 하는 이유입니다. 지금 살아서 숨 쉬고 있는 동료 신자들 외에도 우리를 항상 둘러싸고 있는 믿음의 선배들과의 교제가 필요합니다. 우리의 아픔이 너무 깊고 생생해서 아무것도 볼 수 없고 느낄 수가 없게 될 때, 그때 우리는 우리를 에우고 있는 성도들의 증언이 필요한 것입니다. 그들 자신들이 삶의 극한 아픔들을 경험했고, 그 아픔들이 현실이긴 하지만 그것이 마지막은 아니라고 확신시켜 줄 수 있는 성도들 말입니다. 우리의 모든 아픔 속에 그리고 그 아픔의 저편에 결코 죽지 않으실 뿐 아니라 우리를 절대로 죽게 내버려 두시지 않는 그리스도 예수 안에 하나님의 아름다우심과 진리와 사랑이 영원히 함께 하고 있습니다.

죽음보다 강한

잭 로다

앤 쿠지는 암으로 열세 살 때 사망했다. 이 소녀가 출석하던 교회 목사였던 잭 로다는 당시 상황을 둘러싸고 있었던 절망의 심해(深海)와 불신을 인정하는 것에서부터 설교를 시작한다. 성경적인 애도가 그러하듯 그는 감상주의에 빠진 절망을 폄훼하지 않으면서 절망이 최후의 결론이 되도록 내버려두지도 않는다. 이 설교는 생전의 앤의 믿음을 예로 들면서 교인들에게 예수 그리스도와 그분의 부활에 초점을 맞추는 것으로 마무리된다.

    잭 로다는 미시건 주 그랜드 래피즈에 위치한 기독개혁교단 소속 서번트 교회의 담임 목사로 사역하고 있으며, 칼빈신학교에서 설교학 객원교수로 재직하고 있다.

죽음보다 강한

마르다가 예수께 여짜오되, 주께서 여기 계셨더라면 내 오라버니가 죽지 아니하였겠나이다. 그러나 나는 이제라도 주께서 무엇이든지 하나님께 구하시는 것을 하나님이 주실 줄을 아나이다. 예수께서 가라사대 네 오라비가 다시 살아나리라. 마르다가 가로되 마지막 날 부활 때에는 다시 살아 날줄을 내가 아나이다. 예수께서 이르시되 나는 부활이요 생명이니 나를 믿는 자는 죽어도 살겠고.

요한복음 11:21-25

사랑하는 앤의 가족과 친구 여러분, 앤이 우리 곁을 떠난 것은 사랑이 부족해서가 아닙니다. 앤은 깊은 사랑을 받았고 그 아이 또한 진심으로 가족과 친구들, 생명이 있는 크고 작은 것들, 특히 말을 사랑했습니다.

의지가 약해서도 아닙니다. 그 아이는 "암을 꼭 이겨낼 거예요"라고 말할 줄 알았던 용감하고 밝은 아이였습니다.

치료가 부족해서 죽은 것도 아닙니다. 지난 8년 동안 앤은 최고의 병원들을 오가며 실력 있는 의사들과 간호사들의 극진한 보살핌을 받았습니다.

기도가 부족해서도 아닙니다. 앤은 기도하는 아이였고 그 가족들도 기도하는 가족이었습니다. 앤과 그 가족은 기회가 있을 때마다 치유 집회와 기도회에 참석하려고 했습니다. 어느 주일, 저는 우리 예배당에 앤을 위해 무릎 꿇고 기도하는 사람들로 가득 찼던 것을 기억합니다. 기도가 부족해서 앤이 우리 곁을 떠난 것이 아닙니다.

하지만 우리가 가진 최고의 것들을 모두 내놓았음에도 그것만으로는 충분하지 않았던 것 같습니다. 결국 앤은 우리 곁을 떠났고, 우리의 심장은 부서져 버렸으며, 우리의 목은 바짝 말라버렸습니다. 우리는 하염없이 울고 싶고, 우리의 상실감과 좌절과 분노에 소리 지르고 싶습니다.

지난주에 신문을 보다가 벨기에의 한 신부가 두 어린아이들의 장례식에서 "귀머거리 하나님"이라는 표현을 했다는 기사를 읽었습니다. 하나님을 믿는다는 신부가 그런 불경스러운 말을 했다는 사실이 조금 충격적이었지만 우리는 그 신부의 말이 무엇을 뜻하는지 충분히 이해합니다. 우리 스스로도 그런 마음을 금할 수 없기 때문입니다. "하나님은 도대체 우리의 기도를 듣고 계신 걸까?"

어쩌면 여러분 중에서도 그런 분들이 있는지 모르겠습니다만, 죽음, 특히 어린 생명의 죽음은 우리에게 다시는 믿음을 가질 수 없게 만드는 증거라고 말하는 사람들이 있습니다. 이 커다란 슬픔은 사람들로 하여금 우리는 더 이상 하나님의 사랑하는 자녀가 아니라고 믿도록 교묘하게 부추깁니다. 그들은 우리가 거대한 대양 한가운데 버려진 인생들이라고 체념하는 것이 최선의 선택이며 따라서 더 이상 우리에게는 아버지의 힘 있는 팔도 없고 안전한 포구도 없다고 말합니다.

우리는 그런 절망과 만난 경험이 있습니다. 지금 이 순간에도 우리는 그 절망이 우리 속에 들어와 우리의 영혼을 점령해 버리지나 않을까 두려워하고 있습니다. 그러나 우리는 여기에 동의하지 않습니다. 우리는 이 어둠에 대항하는 일에 서로가 힘을 합하고 하나님의 음성을 듣기 위해 이곳에 모였습니다. 우리는 찬양과 기도와 말씀을 통해 하나님의 음성을 듣는 일에 서로를 돕기 원합니다. 주님의 이름으로 두세 사람이 모인 곳에 주님이 함께 하신다는 소망을 가지고 우리는 이곳에 모여 있습니다. 사슴이 시냇물을 찾아 헤매듯이 우리의 영혼은 그리스도의 임재를 갈망하며 그분이 죽음보다 강하다는 사실을 알게 되기를 원하고 있습니다.

우리는 죽음이 강한 것을 인정합니다. 누가 그것을 부인할 수 있겠습니까? 죽음은 우리에게서 앤을 빼앗아갔습니다. 죽음이란 놈은 우리가 사랑하고 소중히 여기는 거의 모든 것을 가져갈 수 있습니다. 그러나 우리가 믿는 기독교 신앙은 죽음이 두렵고 강한 것이 사실이지만 그것이 최고로 강한 것은 아니라고 말합니다. 가장 강하신 분은 예수 그리스도이십니다. 오늘 장례식 기도문의 겉표지에 있는 예수님과 한 아이가 손을 잡고 있는 그림은 앤의 동생 줄리가 그린 것입니다. 만약 지금 앤이 우리에게 이야기할 수 있다면 이렇게 말했을 것입니다. "예수님이 제 손을 잡고 계셔요. 걱정 마세요, 예수님은 저를 놓지 않으실 거예요."

요한복음에서 예수님은 놀라운 선언을 하시고 계십니다. "나는 부활이요 생명이니"(요 11:25). 이 말씀은 부활이 그저 우리가 믿어야 할 교리나 어떤 신적인 가능성이라는 뜻이 아닙니다. 예수님 당신이 부활 생명이셨습니다. "나는 부활이요." 예수님은 이 죽어가는 세상을 향한 하나님의 생명이십니다. 그분 안에서 죽음은 패배했으며 그분께 피함으로써 지금 이 생명이 영원에 이르게 됩니다. 예수님이 마르다에게 물으셨습니다. "이것을 믿느냐?" 마르다가 그렇다고 대답했습니다. 앤도 그렇게 대답했습니다.

예일대학교 의대 교수이자 소아암 전문의인 다이앤 콤프 박사는 그녀가 치료하던 암환자 어린이들의 간증으로 예수님을 믿게 된 분입니다. 그녀는 자신의 책에서 다음과 같은 이야기를 들려줍니다. "몇 년 전 어린아이 한 명이 온 몸에 퍼진 암으로 어려운 고비에 처하게 되었습니다. 고통스럽고 지루한 항암 치료를 받은 후 보스턴으로 가는 길에서도 우리는 몇 번이나 응급처치를 위해 급하게 차를 세워야 했습니다. 한번은 그 아이가 저를 올려

다보며 어린아이 특유의 웃음을 머금고 말했습니다. "제 말이 바보 같이 들리겠지만, 저기 쓰여 있는 C는 암(cancer)이 아니라 그리스도(Christ)를 뜻하는 거예요."

오래된 부활절 찬송가 역시 그 아이의 말과 동일한 것을 우리에게 전해줍니다.

> 죄의 사슬은 강하나 우리는 구원 받았네.
> 그리스도께서 독사의 머리를 부수셨네.
> 죽음은 더 이상 강하지 않고
> 지옥도 포로로 붙잡혀가네.
> 그리스도께서 죽음의 감옥에서 부활하셨으니
> 무덤 위로 빛이 비추인다네.

C는 그리스도입니다.

교회가 이곳으로 이사하기 전 우리는 학교 체육관에서 예배를 드렸습니다. 오전 예배와 오후 예배 사이에 저는 체육관 구석에 있는 탈의실 안에 앉아 생각을 정리하곤 했습니다. 어느 주일날 제가 그 안에 앉아 있는 동안 주일학교 어린아이들이 밖에서 술래잡기를 하고 있었습니다. 손이 탈의실 문고리에 닿아 있는 동안은 괜찮지만, 떨어져 있을 때 술래에게 잡히면 아웃이 되는 놀이였습니다. 저는 캄캄한 탈의실 안에서 아이들이 뛰고 소리치며 즐겁게 노는 소리를 듣곤 했습니다. 그러다 언젠가 시비를 가리는 소리를 듣게 되었습니다. "아냐, 난 죽지 않았어. 내 손은 문고리에 닿아 있었단 말이야. 그러니까 난 아웃이 아냐." 그리고 장례식이 거행되는 예배당의 어둠 속에 앉아 있는 지금 이 순간, 앤의 손은 예수님의 손에 닿아 있습니다. 잘 들어보십시오, 앤의 목소리가 들립니다. "저는 괜찮아요. 여기서는 고통이나 죽음이 저를 건드리지 못해요. 저는 죽은 게 아니에요. 저는 살아 있어요."

우리와 앤 모두, 우리의 몸과 영혼 모두, 삶과 죽음을 넘어서 우리의 신실하신 구주 예수 그리스도께 닿아 있습니다. 그 사실이 우리의 참된 위로가 됩니다.

다가오시는 하나님

플레밍 럿트리지

죽음이 어린 생명을 앗아갈 때면 믿음에 대한 질문이 언제나 생기기 마련이다. 도대체 하나님은 이런 상황에서 무엇을 하고 계신 것인가?

이런 질문에 대해 철학적으로 답할 수 있고 그런 방법이 도움이 될 때가 있다. 그러나 플레밍 럿트리지의 답변은 명제나 논리에 의지하지 않는다. 플레밍은 젊은 나이에 에이즈에 감염되어 말년에 하나님께 가까이 가려고 시도했으나 별다른 응답을 받지 못하고 결국 사망한 마크 프리맨이란 청년의 고통스런 현실을 인정한다.

후에 플레밍은 자신이 알고 있는 그리스도인들이 죽음을 경험할 때마다 성 금요일과 부활절의 이야기를 전하였다. 이것은 결코 쉽지 않은 해답이었으며 그렇기에 더욱 가치 있는 것이었다.

마크가 사망했을 당시 플레밍 럿트리지는 뉴욕에 위치한 그레이스 성공회에서 사역하고 있다. 마크 프리맨은 가명임을 밝혀둔다.

다가오시는 하나님

마르다가 예수께 여짜오되, 주께서 여기 계셨더라면 내 오라버니가 죽지 아니하였겠나이다. 그러나 나는 이제라도 주께서 무엇이든지 하나님께 구하시는 것을 하나님이 주실 줄을 아나이다. 예수께서 가라사대 네 오라비가 다시 살아나리라. 마르다가 가로되 마지막 날 부활 때에는 다시 살아 날줄을 내가 아나이다. 예수께서 이르시되 나는 부활이요 생명이니 나를 믿는 자는 죽어도 살겠고.

요한복음 11:21-25

마크 프리맨은 그의 삶 막바지에 하나님을 향해 다가가고자 열심을 냈습니다.

생전에 그를 사랑했던 이들에게는 이 말이 공허한 소리처럼 들릴지도 모르겠습니다. 인간적으로 볼 때 하나님이 그의 다가감에 대해 응답하셨다는 증거가 보이지 않기 때문입니다. 이런 상실감을 여러번 경험해 본 분들이라면 마음속에 몇 가지 질문들이 떠오르실 것입니다. 정말 하나님이 계신 건가? 하나님이 계시다면 우리에게 관심이 있기나 하신가? 그렇다면 그분은 왜 아무런 조치를 취하지 않으시는가?

저는 마르다 셔우드 자매를 통해 그레이스 교회에서 마크를 처음 만났던 일을 생생하게 기억합니다. 예배를 마친 후 예배당 복도에 서 있는 저에게 마르다는 마크를 소개시켜 주었습니다. 저는 그때 그 자리에서 기도를 하고 싶은 마음이 들었고, 근처에 잘 알고 있던 십대 두 명을 불러 함께 기도하자고 했습니다. 그래서 그 자리에서 마크, 마르다, 십대 두 명과 저, 이렇게 다섯 명이 서로 손을 잡고 둘러앉아 오랫동안 소리를 내어 기도했습니다. 우리는 그의 치유를 위해 또 그를 보호해 주실 것을 위해 간구했습니다.

그 이후로 저는 그때 기도를 떠올리며 그 기도가 상달되었을지, 응답받았을지, 기도 응답에 대한 증거가 어디 있지는 않은지 생각하곤 했습니다.

얼마 지나지 않아 마크는 그레이스 교회의 기도 모임에 가입했고 병이 깊어져 거동이 힘들 때까지 꾸준히 참석했습니다. 그 기도회의 멤버들이 오늘밤 이 자리에 있습니다. 그분들 중 한 명이 기도회로 모이는 마크가 누구보다도 진실하고 정직하게 기도를 드렸다고 제게 말해 주었습니다. 그렇다면 그 기도는 어떻게 된 것일까요? 그 기도들은 다 어디로 갔을까요? 그 기도는 아무런 소용이 없던 것일까요? 그것은 죽음과 흥정이라도 해 보려는 애처로운 마지막 발버둥 같은 것이었을까요? 누군가가 그 기도를 들었다면 누가 그 기도를 들었을까요? 그분이 하나님이라면, 왜 하나님은 아무런 응답도 하지 않고 손을 놓고 계셨을까요?

저는 개인적으로 이런 질문들과 오랫동안 계속해서 씨름을 해오고 있습니다. 사실 저는 다른 사람들처럼 기도로 승리한 경험을 많이 한 사람이 아닙니다. 오히려 제 동료 중 한 명이 수 년 동안 깊은 병과 싸우고 있는 사람들을 위해 기도할 때 "목사님, 저희가 기도할 때마다 그 사람의 병이 점점 더 악화되는 것 같아요"라고 말할 정도로 그런 경험과는 거리가 먼 사람입니다. 물론 관점의 차이가 있겠지만, 어쨌든 저에게는 응답되지 않은 기도들이 더 많은 것 같습니다. 그런데 예수님조차 이런 말씀을 하신 적이 있습니다. "또 선지자 엘리사 때에 이스라엘에 많은 나병 환자가 있었으되 그 중의 한 사람도 깨끗함을 얻지 못하고 오직 수리아 사람 나아만 뿐이었느니라"(눅 4:27). 예수님은 많은 병자를 고치셨지만 고치지 않은 사람이 훨씬 더 많았습니다. 개인적으로 제 가족만 놓고 보더라도 이 세상에는 그 이유를 다 알 수 없는 불가사의한 고난들이 많다는 것을 알 수 있습니다.

담배를 피우고, 술을 먹고, 약물을 복용하고, 정신 나간 삶을 살면서도 팔십 세까지 사는 사람이 있는가 하면, 정갈하고 단정하게 살면서 사회에 많은 기여를 하고 덕을 끼치는데도 불구하고 일찍 떠나버리는 사람들이 있습니다. 방탕한 생활을 하는 사람들이 오래 살고 신실하게 살아온 사람들이 일찍 죽기도 합니다. 도대체 하나님은 어디에 계신 것입니까? 진실을 추구하는 데 열정적이었던 마크는 자신의 장례식에서 이런 질문들에 대한 손쉬운 해답을 결코 용납하지 않았을 것입니다. 저도 그에게 줄 딱히 명쾌한 답을 가지고 있지 않습니다.

대신에 저는 그리스도인들이 지금까지 반복해 온 어떤 일을 말씀드리려고 합니다. 저는 이야기로 돌아가려고 합니다. 마크는 이야기꾼이었습니다. 기독교 역시 하나의 이야기입니다. 그러나 많은 사람들이 오해하고 있는 것과는 달리 기독교는 하나님께 다가가는 사람들의 이야기가 아닙니다. 기독교는 인류에게 다가오시는 하나님의 이야기입니다. 우리 자신에게 무슨 일이 일어났는지를 미처 알아차리기도 전에 우리를 붙드신 하나님의 이야기입니다. 그러나 우리가 얼마나 그 하나님을 알아보지 못하느냐 하면, 그분이 우리에게 오셨을 때 그분을 알아보지 못하고 십자가에 못 박아 죽이기까지 우리는 모르고 있었습니다. 인간의 몸을 입으시고 우리의 연약함과 부족함을 도우시기 위해, 우리를 죽음 아래서 건지기 위해 오신 그분을 알아보기는커녕 십자가에 못 박아 버리고 만 것입니다. "착한 사람이 일찍 죽는다"는 말에 이 이상의 증거가 없을 것 같습니다.

까닭 없는 고통에 대해 심각하게 질문을 던지는 사람과 이야기를 하게 될 때 저는 다음과 같은 이야기에 초점을 맞춥니다. 예수님의 죽음, 그분의 인간적인 운명, 우리와 같이 연약해지시고, 아픔을 나누시고, 우리의 절박한 필요를 함께 나누심으로 우리와 하나가 되신 일 등에 대해 말입니다. 이야기를 듣는 사람들에게 종종 이런 부분이 매우 강력한 요소가 됩니다.

제가 마크와 이런 이야기를 나누었을 때 마크는 재미있고 특별한 대답을 했습니다. 마크는 특유의 강하고 깊은 어조로 말했습니다. "저는 한 번도 그런 고통을 당하는 그리스도에게 끌린 적이 없습니다." 그리고 예수님의 십자가가 어떻게 그의 신앙생활에서 부담스러운 주제였는지 또 분명하지는 않지만 현재 그가 겪고 있는 끔찍한 고통과도 얼마나 거리가 멀게 생각됐는지에 대해 말했습니다.

지금은 부활절 절기로 부활주일부터 성령강림일까지 대(大) 50일이라고 하는 특별한 기간입니다. 부활절 절기 중 세 번째 수요일인 오늘, 저는 여러분께 이 이야기의 다른 면을 소개해 드리고 싶습니다.

저는 며칠간 마크의 말을 곰곰이 생각해 보았습니다. 제가 처음 그 답변을 들었을 때 얼마나 맥이 풀렸을지 대충 짐작하실 수 있을 겁니다. 잔뜩 벼르고 발사한 대포가 그만 불발이 되고 만 것처럼 말이죠. 무슨 말을 해야 할지 말문이 턱하니 막히더군요.

하지만 얼마 후 제 나름대로 응답 같은 것을 받았습니다. 솔직히 여러분들께 이 대목에서 마크에게 어떤 극적인 일이 벌어졌다는 말씀을 드릴 수 있었으면 좋겠지만, 유감스럽게도 제가 마크를 다시 방문했을 때 마크의 건강은 입을 떼기도 힘들 만큼 악화되어 있었습니다. 그러나 여러분, 저는 지금 제가 드리는 이 말씀이 오늘밤 여기 모인 분들과 인생의 어려운 질문들을 던지고 있는 중에도 확신과 소망을 찾기 위해 어둠 속을 더듬거리고 있는 분들에게 꼭 필요한 것이라고 확신합니다.

그것은 기독교의 이야기는 십자가 사건으로 끝나는 것이 아니라는 것입니다. 그 이야기의 끝은 십자가가 아닙니다. 도리어 그것은 전혀 예측할 수 없는 어떤 시작에 가깝습니다. 저는 마크에게 편지를 썼습니다. 지금 생각해 보니 그 편지는 여기 모인 우리들의 최종 목적지에 대한 것이었는데 내용은 대략 이런 것이었습니다. "마크, 무덤에서 일어나신 예수님의 부활에 당신의 시선을 고정하세요. 그것이 지금 당신에게 필요한 메시지입니다."

그 이야기의 전개는 이렇습니다. 예수님이 죽으셨을 때 그분의 삶은 완전히 끝났습니다. 그분은 죽음에 처한 여느 사람과 다름없이 진짜로 죽으신 것입니다. 얼마 동안 숨이 멈췄다가 인공호흡기에 의해 극적으로 다시 소생하신 것이 아니라 철저히, 돌이킬 수 없이 완전히 돌아가셨습니다. 더군다나 장사까지 되었습니다. 그것도 엄청나게 큰 돌로 입구를 봉한 무덤에 말입니다.

그런데 예수님은 다시 살아나셨습니다. 무덤은 그분을 도저히 감당할 수 없었습니다. 입구를 막았던 돌은 하나님의 생명이 동굴 안으로 들어가자 굴러가 버렸습니다. 부활하신 생명은 썩음과 죽음으로 마감하는 인간의 생명이 아니라 인간의 생존을 위협하는 어떤 세력이나 존재라도 넉넉히 이기시는 하나님의 생명이었습니다. 예수 그리스도의 부활은 하나님이 이 이야기의 흐름을 완전히 뒤집으셨고, 우리에게 불리한 조건들을 뒤엎어 버리셨으며, 죽음으로 치닫던 것을 생명의 방향으로 전환시켜 버리셨음을 의미합니다.

여러분은 마크의 친구들이 마크가 직접 기록했던 글들을 읽는 것을 들어보셨을 겁니다. 그 친구 중 한 명은 마크가 지난 몇 해 동안 교회에 발길을 끊었던 것은 사실이었지만 마크는 결코 믿음을 버리지 않았었다고 들려주었습니다. 여러분, 아시겠습니까? 하나님은 그동안 계속 마크에게 손을 내밀고 계셨던 것입니다. 마크가 미처 깨닫기도 전에, 마크가 알아차리기도 전에, 하나님은 먼저 마크에게 손을 내밀고 계셨던 것입니다. 하나님은 마크를 우리에게서 데려가시려고 손을 뻗으신 것이 아닙니다. 하나님은 우리 모두에게 그러하셨듯이 마크를 하나님 것으로 삼기 위해 그에게 다가오셨던 것입니다. 바울 사도는 이렇게 말합니다. "만일 우리가 그의 죽으심과 같은 모양으로 연합한 자가 되었으면 또한 그의 부활과 같은 모양으로 연합한 자가 되리라"(롬 6:5).

저는 마크가 이 점을 납득했는지 어땠는지 잘 모르겠습니다. 그러나 그가 이해하지 못했다 하더라도, 마크가 이 사실을 볼 수 없고 느낄 수 없었다 하더라도 그리고 여러분과 제가 보고 느낄 수 없다 하더라도 이 이야기는 진실입니다. 이것이 바로 부활절의 의미입니다. 예수 그리스도께서 사망을 이기시고 부활하셨습니다. 이것은 사실입니다. "아담 안에서 모든 사람이 죽은 것 같이 그리스도 안에서 모든 사람이 삶을 얻을 것입니다"(고전 15:22). 아멘.

나다나엘의 무덤 앞에서

프리드리히 슐라이어마허

프리드리히 슐라이어마허는 기독교 사상사에서 새로운 시대를 연 개신교 신학자로 평가된다. 19세기 인물인 그는 믿음을 '절대 의존의 감정'이라고 정의함으로써 자신의 조국 독일뿐 아니라 개신교 전체에 새로운 장을 열었다. 내면을 살피는 것이야말로 신학의 기본 의무 가운데 하나다. 슐라이어마허는 자신에게 주어진 답에 만족하지 않고 기독교 신앙 전체를 새로운 시각으로 살폈던 인물이었다.

그의 아들 나다나엘이 죽었을 때 역시 그는 그 상황을 새롭게 탐험해야 했다. 모범적인 위로는 그에게 아무런 도움이 되지 못했으며, 그는 평범한 위로를 바라지 않았다. 오히려 슐라이어마허는 하나님 안에 있는 소망을 향해 말로는 표현할 수 없는 자신의 슬픔에 대해 이야기했고, 나다나엘의 생명에 대해 감사를 드렸으며, 부모와 교사들이 자신들의 자녀들을 소중히 아껴주기까지 당부했다.

슐라이어마허는 프러시안 유니온 교회를 창설한 중심 일원이었으며 그곳에서 성직자로 있었다. 또한 베를린 대학교의 신학 교수를 오랫동안 역임하기도 했다.

나다나엘의 무덤 앞에서

아버지여, 내게 주신 자도 나 있는 곳에 나와 함께 있어 아버지께서 창세전부터 나를 사랑하시므로 내게 주신 나의 영광을 그들로 보게 하시기를 원하옵나이다.

요한복음 17:24

사랑하는 교우 여러분, 사랑하는 아들의 무덤가에 구부정하게 서 있는 아버지와 함께 이 자리에 함께 하신 여러분들은 상한 갈대를 보러 온 것이 아닌 줄 알고 있습니다(마 11:7). 그렇습니다! 여러분들은 지금 갑자기 위로부터 불어 닥친 강풍에도 부러지지 않은 늙은 줄기를 보고 계십니다. 지난 이십 년 동안 하늘의 보살핌을 받아온 행복한 가정에 대해, 오래도록 저의 천직을 추구할 수 있게 해 주신 것에 대해, 받을 자격 없는 자에게 내려주신 축복과 그 직을 감당하면서 동료들과 더불어 누릴 수 있었던 기쁨과 슬픔들로 인해 저는 하나님께 감사를 드립니다. 지금까지 살아오는 동안 수많은 먹구름들이 제 인생을 스쳐 지나갔습니다. 그러나 그것들이 밖에서 몰려왔을 때 믿음은 성장했고 안에서 몰려왔을 때 사랑은 보답했습니다. 그렇지만 뭔가로 얻어맞은 것 같은 이번 일만큼은 제 삶을 송두리째 흔들고 있습니다.

아, 자식은 하나님이 우리에게 맡겨주신 담보일 뿐 아니라 우리가 책임져야 할 존재들입니다. 또한 무한정 신경을 써야 하는 책임과 의무의 대상인 동시에 사랑하고 기도해야 할 대상입니다. 자식은 집안의 축복이기도 합니다. 자식들은 받은 만큼 돌려주며, 생활에 활기를 불어넣고, 우리 마음을 기쁘게 하는 존재입니다. 제 아들이 바로 그랬습니다. 주께서 어린아이라는 천사야말로 하늘 아버지의 얼굴을 본다고 하신 말씀같이(마 18:10), 저희 부부에게 이 아이는 하나님의 자애로우신 얼굴 빛을 발하는 천사와 같았습니다. 하나님이 이 아이를 저희 부부에게 주셨을 때 제가 드린 첫 기도는, 제 부성애가 이 아이에게 무리한 것을 요구하는 그릇된 것으로 나타나지 않게 해 달라는 것이었습니다. 저는 주님이 제 기도에 응답해 주셨다고 믿습니다. 아이들 중에는 유난히 영리하고 총명하여 큰 기대를 갖게 하는 아이들이 있기 마련입니다. 저는 이런 아이들이 많기를 간절히 바랐습니다. 아들에게 이름을 지어주었을 때, 정말이지 저는 나다나엘을 하나님의 소중한 선물로 감사했을 뿐 아니라 그 아이가 그 이름대로 영혼에 흠이 없는 사람이 되어 주었으면 하는 소망을 가졌습니다. 그리고 주님은 그것도 들어주셨습니다. 나다나엘은 정직했으며 모든 사람을 신뢰의 눈으로 바라보았고 선을 베풀기를 좋아해서 어느 한 군데 흠잡을 데가 전혀 없는 그런 아이였습니다. 그런 이유로 나다나엘은 제가 이곳에서 사랑으로 돌보는 아이들이 그 나이 또래에 겪는 문제로부터 자유로웠습니다. 그 아이는 이기적인 성격과는 거리가 멀었고 모든 사람들에 대해 애정 어린 따스한 마음을 품고 있었습니다. 이렇게 나다나엘은 우리 가족의 기쁨이 되어 우리들 가운데 존재했습니다. 나이가 차서 나다나엘이 좀더 넓은 곳에서 다양하고 폭넓은 교육을 받게 되었을 때 그 아이는 스스로 깨닫고 성장하기 시작했으며, 좋은 밭에 뿌려진 씨앗처럼 스승들의 선한 질책을 잘 받아들였습니다.

　아버지로서 저는 사랑스러운 눈으로 이런 아들을 조용히 지켜보며 장차 그 아이가 어디까지 그리고 어떻게 자랄 것인지 생각하곤 했습니다. 저는 이 아이를 완벽하게 키우지는 못하더라도 항상 용기를 북돋아 주고 격려해주는 사람이 되자고 스스로에게 다짐하곤 했습니다. 제게 맡겨진 일 중에 가장 아름답고 값진 축복이 있다면 그것은 이 아이가 스스로 개척해 나가는 일과는 별개로 아버지로서 아이에게 진실된 충고를 해주고 뒷바라지를 감당하는 것이었습니다.

　그러나 제 남은 인생 동안 제게 주어진 가장 중요한 책임감, 즉 애정으로 붙잡고 있어야 할 이 책임감은 이제 처절하게 부서지고 말았습니다. 이 친밀하고도 생생하게 살아있던 인생의 그림은 갑자기 엉망이 되고 말았습니다. 나다나엘에게 달려있던 제 모든 소망이 관과 함께 묻혀버리고 말았습니다! 더 이상 무슨 말을 할 수 있겠습니까?

신실한 그리스도인들끼리 서로를 위로하는 통상적인 위로가 하나 있긴 합니다. 이미 저의 여러 동료들이 제게 다정한 목소리로 말해 준, 연약한 인간의 본질을 잘 간파한 무시할 수 없는 위로의 말이었습니다. 그것은 세상을 일찍 떠난 어린아이들은 이 세상의 온갖 위험과 유혹들로부터 구제되어 일찍 천국으로 간 것이라는 말입니다. 나다나엘 역시 살아있었다면 그런 위험에 노출되었겠지요. 그러나 제 자신의 삶을 돌아볼 때 이런 식의 위로는 저에게 아무런 도움이 되지 못합니다. 저는 이 세상이 구속자이신 주님의 삶을 통해 영광을 받았고, 그분의 영을 통해 높임을 받으며, 선해지고 거룩해질 수 있는 곳으로 여겨왔습니다. 그래서 저는 이 거룩한 말씀의 종이 되는 것 외에는 다른 어떤 것도 되고 싶은 마음이 없었습니다. 그러니 그 아이가 그리스도의 도(道)로 잘 양육되어짐으로써 썩지 않을 씨앗이 그 안에 심어져 기독교 공동체의 축복을 물려받을 것이라고 기대하지 못할 이유가 어디 있겠습니까? 이 아이가 넘어지긴 하겠지만 하나님의 자비하신 보호가 아이와 함께 하실 것을 바라지 못할 이유가 어디 있겠습니까? 이 아이의 마음을 온전히 받아 주시고 순전한 마음으로 사랑하신 주님의 손에서 누구도 빼앗아가지 못할 거라고 생각하지 못했을 이유가 어디 있겠습니까? 병상에서 아직 의식이 남아 있을 때 엄마의 질문에 대해 나다나엘이 마지막으로 남긴 답변은 이 아이가 정말 주님을 올바르게 사랑했었다는 결정적인 증거입니다. 비록 아직 부족하고 완전히 다 자란 것은 아니었지만 주님에 대한 그 아이의 순전한 사랑만큼은 절대로 꺼지지 않을 것임을 의심해야 할 이유는 어디에도 없습니다. 이렇게 제가 그 아이의 곁에서 권면하고, 위로하고, 지도해 줄 것임을 생각할 때 동료들이 제게 해 준 위로는 솔직히 아무런 도움이 되지 않았습니다.

먼저 떠나버린 사람들이 (천국에서) 영원한 공동체를 이루고 있을 풍요롭고 아름다운 이미지를 그리는 식으로 죽음에 대한 아픔을 달래주려는 사람들도 있습니다. 그러나 평소에 지금 여기에 대한 관심에 익숙해 있는 사람에게 그런 이미지들은 오히려 해결되지 않는 무수한 질문들만 남길 뿐, 위로의 힘을 제대로 발휘하지 못합니다.

그러므로 저는 이제 제게 유일한 위로와 소망이 되는 말씀을 여러분과 나누려고 합니다. "장래에 어떻게 될 것은 아직 나타나지 아니하였으나 그가 나타내심이 되면 우리가 그와 같을 줄을 아는 것은 그의 계신 그대로 볼 것을 인함이니"(요일 3:2). "아버지여 내게 주신 자도 나 있는 곳에 나와 함께 있어"(요 17:24)와 같은 말씀, 그리고 견고한 믿음과 어린아이 같은 순종에 힘입어 저는 제 마음 가장 깊은 곳에서부터 고백합니다. "주신 자도 여호와시요 취하신 자도 여호와시오니 여호와의 이름이 찬송을 받으실지니이다"(욥 1:21). 주께서 나다나엘을 제게 보내주셨고, 그 아이에게 비록 짧지만 생명을 주셨고, 그 생명은 주의 은혜와 사랑의 숨결 안에서 기쁘고 따뜻하게 빛났습니다. 또한 주님은 그 아이를 진실하게 돌보시고 지켜주셔서 제게 남겨진 나다나엘에 대한 기억에는 한 점의 불순물도 남아 있지 않습니다. 오히려 우리는 사랑하는 이 아이를 통해 넘치는 축복을 받았습니다. 주님이 나다나엘을 데려가셨습니다. 찬송을 받으시옵소서! 주께서 그 아이를 데려가셨으나 동시에 그 아이는 지워지지 않는 기억을 통해 불멸의 사람으로 우리에게 남아 있습니다.

찬양과 마음속의 감사를 주님께 표현하지 않고서는 썩을 운명을 가진 이 사랑스런 작은 몸을 떠나보낼 수 없습니다. 하나님이 주신 이 선물을 통해 저의 반생애 동안 경험할 수 있었던 여러 일들로 인해 하나님께 감사를 드립니다. 아이가 첫 숨을 쉴 때부터 마지막 숨을 쉴 때까지 그 아이에게 쏟아 부었던 어미의 사랑, 그 아이로 하여금 밝고 행복하고 올바르게 자랄 수 있도록 도왔던 형과 누나들의 사랑과 정성, 저희와 함께 아이를 기쁨으로 보살폈던 동료들, 특별히 아이의 영혼을 고무시키는 일에 적극적으로 동참했던 선생님들 그리고 우정을 나누고 고락을 함께 했던 친구들과 학우들 같이 나다나엘에게 행복한 시간들을 만들어 주었던 이들과 이 자리에 모여 이별의 시간을 더욱 아름답게 장식해 주고 계시는 여러분 모두에게 깊은 감사를 드립니다.

감사와 함께 답례의 선물을 수반하는 것은 언제나 바람직한 일입니다. 그러므로 저는 여러분에게, 저한테는 고통스럽지만 그리스도인의 권고라는 의미 있는 선물을 이 순간을 기억하는 표시로 여러분에게 드리고 싶습니다. 저와 제 아내는 온 마음을 다해 나다나엘을 사랑했습니다. 저의 가정은 온유와 친절이라는 가치를 매우 중요하게 여깁니다. 그러나 나지막한 질책이 나다나엘을 추억하는 우리의 기억의 틈바구니 여기저기에 놓여 있습니다. 그런즉 그 아이와 가깝게 지냈던 사람들 중에 하나님 앞에서 그들 자신을 시험해 볼 때 자신에게 완벽하게 만족할 수 있는 사람은 아무도 없었을 거라고 저는 생각합니다. 부여받은 삶이 이 아이만큼 아무리 짧더라도 말입니다. 그러므로 우리는 상대방이 곧 떠날 수도 있는 것처럼 여기고 서로를 진실하게 사랑하십시다. 오, 그런 날이 얼마나 빨리 오는지 모릅니다! 저는 아이들에게도 부탁하고자 합니다. 제 충고를 따르는 것은 즐거움을 뺏기는 것이 아니라, 오히려 수많은 크고 작은 실수 가운데서 보호를 받는 것이라고 말입니다. 또 부모님들에게 부탁드립니다. 여러분들이 저와 같은 쓰라린 경험을 아직 겪어 보지 않으셨다고 하더라도 제 말에 귀를 기울이시면 말씀의 생생한 열매를 더욱 맛보실 것입니다. 또 선생님들에게 감사한 마음으로 이 말씀을 드립니다. 여러분이 가르치는 학생들의 수가 너무 많아 개인적으로 친분을 맺기가 어렵다 하더라도 그런 상황을 어떤 식으로든 극복하려 할 때 여러분이 추구하려는 도리와 훈계는 그리스도의 거룩한 사랑의 정신과 잘 부합될 것입니다. 그렇습니다! 우리는 서로를 언제든 금방 헤어질 사람들처럼 사랑해야 합니다!

사랑의 하나님, 저로 하여금 이제 전능하신 하나님께 제 자신을 바치고, 전지하신 하나님 앞에 순종할 뿐 아니라, 거룩하신 아버지의 사랑을 알게 하옵소서! 이 슬픔의 예식이 제 생애에 오히려 새로운 축복이 되게 하소서! 이 공동체의 아픔이 저희 가정에게 더 깊은 사랑을 체험할 수 있는 끈이 되게 하시고 온 가정에 당신의 성령의 간섭이 있게 하소서! 암울한 이 시간에도 이 자리에 모인 모든 사람에게 복을 내려주옵소서! 우리로 하여금 더욱 성숙한 지혜에 이르게 하시고, 눈에 보이는 지상의 썩어질 것보다 영원한 것을 보면서 사랑할 수 있게 하시며, 당신의 모든 법도 안에서 당신의 평화를 찾게 하시고, 우리로 하여금 믿음을 통해 죽음에서 건져내어져 영생을 맛보게 하소서. 아멘!

아이들이 춤추는 곳

필립 터너

임신은 소망을 품게 만든다. 새 생명을 맞이할 준비를 하면서 부모들은 아기에게 모든 희망을 두고 살아간다. 부모들은 어린 생명을 알아가기 시작하며 시간이 흐를수록 기대감을 안고 이 생명을 사랑하게 된다. 그러나 타락해 버린 피조세계의 현실은 이들을 가만히 놔두지 않는다.

　브랜든 터너는 이런 사랑과 기대를 한 몸에 받다, 척추 파열, 구개 파열, 하체 불구라는 질병을 가진 채 엄마 뱃속에서 유산되었다. 브랜든의 부모는 아기에게 유아세례를 줄 필요가 없는 것을 알면서도 세례명을 지어주었다.

　브랜든의 엄마는 이렇게 고백했다. "우리 부부는 지금껏 한 번도 유산한 아기의 장례식에 가 본 적이 없었고, 그런 장례식이 있는지조차 몰랐지만 장례를 치루는 것이 맞을 것 같다는 결정을 내렸습니다. 필립 목사는 다음과 같은 묵상의 글을 작성해 장례식 때 낭독했습니다. 그 글은 브랜든이 살았더라면 그랬을 것이라는 우리의 기대와 앞으로 우리의 인생이 하나님 안에서 그럴 것이라고 믿음에 관한 것이었습니다."

　필립 터너는 예일에 위치한 버클리 신학교 학장을 지냈다.

아이들이 춤추는 곳

…어린 아이에게 끌리며.

이사야 11:6

브랜든 터너는 정확히 7개월을 살았습니다. 브랜든은 부모님의 얼굴을 단 한 번도 보지 못했습니다. 브랜든은 태어날 때부터 어린 생명이 감당하기에는 힘겨운 심각한 장애를 갖고 있었습니다. 브랜든은 엄마 뱃속에서 평안하게 숨 쉴 때처럼 마찬가지로 엄마 뱃속에서 아무말없이 조용히 웅크린 채 죽었습니다. 브랜든이 세상 밖으로 나왔을 때 그의 부모님들은 브랜든을 가슴에 품은 채 이름을 부르며 흐느꼈고, 처음이자 마지막 인사를 나눴습니다. 브랜든의 부모는 이제 브랜든의 부재를 통해서만 이 아이의 존재를 인식할 수 있게 되었습니다.

 우리는 브랜든의 생명과 죽음, 그 아이가 어떤 은혜를 입었는지, 또 우리 모두를 고통스럽게 한 그 아이의 상처가 무엇 때문이었는지 알지 못합니다. 이제는 어떤 말도, 그것이 설령 위로의 말일지라도 무의미하게 들릴 수밖에 없습니다. 그 아이와 우리 모두의 삶의 의미를 제대로 알고자 한다면 우리의 삶의 모든 진실이 드러나는 날까지 기다릴 수밖에 없습니다. 그날이 되어야만 비로소 우리는 브랜든의 삶의 의미를 알게 될 것입니다.

지금 우리는 부분만을 볼 수 있습니다. 그러나 믿음을 가지고 소망을 품을 수 있을 만큼은 충분히 볼 수 있습니다. 우리가 어떻게 보아야 할지를 제대로 알고 있다면 우리는 이 기막힌 형편 중에서도 놀라운 일들을 볼 수 있습니다. 브랜든의 탄생을 통해 우리는 그리스도의 몸에 대한 귀한 깨달음을 얻었습니다. 지금 브랜든의 부모는 공동체의 팔 안에 어린아이처럼 안겨있습니다. 브랜든의 부모는 상처를 입은 사람들이 다친 부위를 치료받듯이 공동체의 정성스러운 간호와 보호를 받고 있으며, 얼마든지 통곡하고 두려워할 수 있는 자유를 부여받고 있습니다.

종종 우리는 이 땅에서 하나님을 극진히 사랑하고 또한 하나님이 자신들의 손에 맡기신 사람들을 자기 몸처럼 사랑하고 돌보는 사람들을 만나는 축복을 경험하게 됩니다. 이렇게 우리는 이 땅에서 영원한 천국을 미리 맛볼 때가 있습니다. 브랜든의 죽음이 바로 그런 기회였습니다.

브랜든의 죽음은 마땅히 알고 있어야 할 가장 중요한 사실 한 가지를 우리에게 가르쳐 주었습니다. 브랜든의 몸은 상처로 얼룩

졌고 그 아이의 생은 너무 짧았습니다. 인생의 아픔과 즐거움, 모두가 그 아이를 속였다고, 브랜든의 생이 고통스러웠을 것이라고 예측할 수 있겠지만 그러나 꼭 그렇다고 장담할 수는 없습니다. 왜냐하면 "정상적인" 우리들은 상상할 수도 없는 기쁨을 브랜든은 맛볼 수 있었을지도 모르기 때문입니다.

우리가 브랜든의 짧았던 생을 모두 재볼 수는 없겠지만, 이 아이를 거울삼아 우리를 비추어 볼 수는 있습니다. 브랜든의 몸이 태아로 잉태되었던 순간부터 온통 약한 것과 거친 상처들뿐이었듯이 우리에게도 그와 유사한 날들이 있다는 사실을 깨닫게 됩니다. 짧기만 했던 브랜든의 생처럼, 우리의 인생 역시 하나님의 은혜와 능력을 의지할 수밖에 없다는 사실도 깨닫게 됩니다. 마지막으로 브랜든과 결코 다르지 않는 우리는 브랜든이 하나님의 품에 안겨 있듯이 우리 역시 하나님의 품에 안기게 될 것임을 발견하게 됩니다.

믿음의 눈은 이 끔찍한 시간 속에서 위대함을 보게 만듭니다. 우리 중 가장 큰 자는 가장 작은 자요, 가장 작은 자는 가장 큰 자입니다. 왜냐하면 진정한 위대함은 자신이 사는 것은 오직 하나님의 은혜로만 가능하다는 것을 깨닫는 사람에게만 주어지기 때문입니다. 측량할 수 없는 하나님의 사랑 말고는 브랜든이 가진 것은 아무것도 없었습니다. 만일 우리 자신이 그보다 더 가졌다고 생각한다면 그것은 착각입니다.

브랜든과 같은 수많은 어린이들이 우리 모두를 천국으로 인도할 것입니다. 어린아이들에 의해 수많은 사람들이 천국으로 인도 받게 될 것입니다. 브랜든이 죽기 전날 밤, 위로자이시며 인도자되신 예수님을 생각할 때 어떤 이미지가 떠오르냐는 친구의 질문에 브랜든의 부모는 어떤 이미지도 떠오르지 않는다고 답했습니다. 그러나 지금, 브랜든의 부모는 아이들과 함께 춤추고 노래하시며 아이들을 보살펴 주시는 예수님의 이미지가 떠오른다고 말합니다. 사랑하는 브랜든이 함께 춤추고 노래하시며 아이들을 보살펴 주시는 은혜로운 보호자되시는 분과 하나님의 보좌 앞에서 아무 거리낌 없이 마음껏 그리고 자유롭게 뛰어놀고 있음으로 인해 감사드립시다.

죽음이 안겨 준 경이

제임스 밴 솔렌

코넬리우스 플랜팅가는 「크리스채너티 투데이」지에 제임스 밴 솔렌 목사가 자신의 임박한 죽음을 앞두고 전한 설교를 소개하며 다음과 같은 글을 썼다.

1996년 당시 31세였던 제임스 밴 솔렌 목사는 그의 아내 라헬과 함께 뉴욕 로체스터에 위치한 기독개혁교회 목사로 부임했다. 교인들은 곧 이 젊은 목사를 따르게 되었다. 그들은 특히 성경에 대한 깊은 이해와 번득이는 통찰이 잘 어우러진 그의 설교에 매료되었다.

그러던 중 누구도 예상하지 못했던 일이 일어났다. 1998년 늦은 겨울, 의사들은 그의 오른 무릎 뒤 지방세포에서 악성종양을 발견하고 제거하는 수술을 하기로 한 것이다. 하지만 얼마 지나지 않아 제임스 목사의 가슴에서 또 하나의 종양이 발견되었고 연이어 양쪽 대퇴부와 신장에서도 같은 결과가 나왔다. 게다가 최근의 검사 결과, 그의 척추가 전부 암세포로 덮여 있음을 알게 되었다. 지금 그는 척수 압박의 위험과 그에 따른 마비가 올 것을 고려해 몸을 움

직일 때마다 극도로 조심하지 않으면 안 될 지경에 처해 있다.

   3월부터 10월에 걸쳐 제임스 목사는 몇 차례 수술을 성공적으로 마쳤으나 완치는 되지 못했다. 그러나 제임스 목사는 자신의 생명을 연장시켜 줄 항암치료를 견뎌내기 위해 무진 애를 썼다. 10월에 행해진 항암치료 덕분에 그는 다시 강대상에 설 수 있을 정도로 암을 억제하는 데 성공했다.

   다음에 소개되는 설교는 대수술을 마치고 교회로 돌아오던 날 제임스 목사가 로마서 5장 1-11절 말씀을 토대로 전한 설교다. 로체스터 기독개혁교회의 성도들은 자신들의 젊은 목자의 설교를 들으며 그들이 전에는 전혀 알지 못하던 방식으로 죽음과 부활에 대하여 이해하게 되었다.

제임스 밴 솔렌은 그로부터 5년 후인 2001년 1월 22일 사망했다.

죽음이 안겨 준 경이

우리가 아직 연약할 때에, 기약대로 그리스도께서 경건치 않은 자를 위하여 죽으셨도다. 의인을 위하여 죽는 자가 쉽지 않고 선인을 위하여 용감히 죽는 자가 혹 있거니와, 우리가 아직 죄인 되었을 때에 그리스도께서 우리를 위하여 죽으심으로 하나님께서 우리에게 대한 자기의 사랑을 확증하셨느니라. 그러면 이제 우리가 그 피를 인하여 의롭다 하심을 얻었은즉 더욱 그로 말미암아 진노하심에서 구원을 얻을 것이니, 곧 우리가 원수 되었을 때에 그 아들의 죽으심으로 말미암아 하나님으로 더불어 화목되었은즉 화목된 자로서는 더욱 그의 살으심을 인하여 구원을 얻을 것이니라.

로마서 5:6-10

오늘은 기분이 참 묘한 날입니다. 우리 모두에게 말입니다. 여러분 중 대부분은 제가 지난 7개월 동안 암과 씨름을 하다가 오늘에야 겨우 교회에 돌아오게 되었음을 잘 아실 것입니다. 지금 그 암이 잠깐 휴가를 떠난 사이를 틈타 제가 이 자리에 섰습니다. 물론 이렇게 다시 돌아올 수 있게 되어 매우 기쁩니다. 그러나 동시에 기분이 참 묘합니다. 그동안 제가 강단을 비웠던 일들을 없었던 일로 하거나, 제가 강단을 떠난 이유에 대해 사람들이 몽땅 잊었으면 하는 마음이 드니 말입니다.

그러나 그렇게 할 수는 없는 노릇입니다. 이미 일어난 일을 없는 것처럼 살 수 있는 사람은 없기 때문입니다. 과거를 딛고 일어설 수는 있습니다. 또 과거로부터 살아남을 수도 있습니다. 그러나 과거를 없는 것처럼 치부해 버릴 수는 없습니다. 만일 우리가 죽음의 공포를 생각만 해도 끔찍한 것으로 여겨서 그것을 부인해 버린다면 그것은 두려움이 우리를 이긴 것입니다. 그렇게 되면 우리는 그것에 저항할 수 없게 되고, 나아가 믿음도 아무 소용없어지고 말 것입니다. 두려움에 사로잡히게 되면 우리는 소망을 잃게 됩니다.

우리 교회는 하나님께 참된 예배로 나아가길 원하고 있습니다. 하지만 그 예배가 참된 예배가 되기 위해 언제나 즐거워야 하거나, 죄책감에 눌려 있어야 할 이유는 어디에도 없습니다. 그러나 간과해서는 안 될 것이 하나 있습니다. 그것은 우리의 예배가 정직해야 하며 하나님 안에서 소망을 품어야 한다는 것입니다. 우리는 폭력이 난무하고 아픔이 가득한 이 세상, 믿음을 비웃고, 소망을 짓밟으며, 사랑을 거부하는 이 세상을 정직하게 직면해야 합니다. 우리는 세상에 대해 정직할 뿐 아니라, 동시에 이런 세상에서 우리의 믿음을 지키는 것이 대단히 어려운 일임을 솔직하게 인정해야 합니다. 그리고 그 모든 것을 정직하게 인정한 후에, 우리는 하나님 안에서 소망을 가져야 합니다.

그러니 저도 정직하게 이야기를 시작하겠습니다. 솔직히 지난 7개월 동안 저는 대단히 두려웠습니다. 암이 두려웠던 게 아닙니다. 죽음조차도 별로 두렵지 않았습니다. 사실 죽는 것은 전혀 별개의 문제입니다. 그건 죽음까지 얼마나 걸릴 것인지, 어떻게 죽을 것인지 하는 문제일 뿐입니다. 지금 제가 말씀드리고 싶은 것은 제가 죽음의 문제에 사로잡혀 있지 않았다는 겁니다. 저의 진짜 두려움은 다른 곳에 있었습니다. 이상하게 들리실지 모르겠지만 저는 정말이지 하나님을 만날 일이 두려웠습니다.

어떻게 그럴 수 있을까요? 어떻게 자애로우신 하나님을 믿으면서 동시에 그 하나님을 만나는 일을 두려워할 수가 있을까요? 이 강단에 서서 여러분께 하나님의 자비로우심에 대해 수없이 외쳤던 제가, 왜 막상 그 은혜가 너무나도 절실히 필요할 때 은혜 대신 두려움을 발견했던 것일까요?

저는 이제야 그 해답을 알 것 같습니다. 제 은사이신 존 팀머 목사님이 여러해 동안 제게 가르쳐 주셨듯이, 은혜는 원래 우리 상식을 넘어서는 성질을 갖고 있기 때문입니다. 그리스도의 은혜의 복음은 하나님과의 관계를 회복하기 위해서 우리가 할 수 있는 일은 단 한 가지도 없다고 합니다. 오히려 하나님이 예수님의 대속의 죽으심을 통해 저와의 관계를 손수 회복하셨다는 것입니다. 이것은 믿기 어려운, 놀라운 일이 아닐 수 없습니다.

우리가 하나님께 나아가기 전에 그분이 저희에게 오셨습니다. 존 팀머 목사님은 이것을 가리켜 '하나님의 습관'이라고 표현했습니다. 하나님은 기대할 것이라곤 하나도 없던, 막다른 골목에 서 있던 늙은 아브라함에게 오셨습니다. 하나님은 그런 분입니다. 하나님은 그런 식으로 일하기를 좋아하는 분이십니다. 그분은 힘없는 노인들과 어린아이들에게 또 죄인들과 패잔병들에게 오십니다. 그것이 은혜입니다. 그 은혜가 빠진 설교는 설교가 아닙니다.

그래서 저는 지금껏 제 설교를 은혜라는 주제로 가득 채우고, 여러분들에게 그 은혜를 믿으라고 설득하기 위해 그렇게 열심을 냈던 것입니다. 이 강단에 서서 사람들에게 은혜를 설교한다는 것은 경이로운 일입니다. 저는 이 강단에서 전쟁과 동성애와 이혼에 관해서 말하곤 했습니다. 제가 죽음이 무엇인지 미처 깨닫기도 전에 죽음을 논하기도 했습니다. 그리고 설교할 때마다 이런 삶의 국면 국면에 언제나 은혜의 복음을 들여오기 위해 노력했습니다. 제가 누누이 말씀드렸습니다. 하나님은 곤경에 빠진 사람을 찾아가시며, 곤경에 빠진 사람들을 용납하시며, 또 그 은혜 때문에 당신 자신을 곤경에 빠뜨리곤 하시는 분이시라고 말입니다. 저는 또 하이델베르크 요리문답을 따라 여러분께 말씀드렸습니다. 사나 죽으나 우리의 단 한 가지 위로는 우리가 우리 것이 아니요, 우리의 신실하신 구주 예수 그리스도의 것이라는 사실 말입니다.

설교 때마다 저는 마음 깊은 곳에서부터 진심으로 이 말씀들을 전하곤 했습니다. 그러나 그것은 제 자신이 죽음을 대면하기 이전이었습니다. 그래서 저는 지금 정말 한심스러운 한 가지 사실을 고백하고자 합니다. 저는 한 번도 충격적이고 과격한 하나님의 은혜의 본질을 액면 그대로 체험하지 못했던 것 같습니다. 심지어 제가 은혜에 대한 설교를 하고 있을 때조차 말입니다. 제가 그런 충격적이고 과격한 하나님의 은혜를 깨닫지 못했던 이유는 제게 아직도 최소 40년 정도는 시간이 남아 있다고 생각했었기 때문이었던 것 같습니다. 저의 나쁜 습관을 끊어야 하지만 아직도 한 40년의 여유가 있고, 내 죄를 날려 보내야 하지만 아직도 40년 정도는 끄떡없고, 피조물들에게도 선하게 대해야 하고, 선한 이웃이 되어야 하지만 아직은 40년이라는 넉넉한 시간이 남아 있다고 말입니다.

그런데 지금은 완전히 사정이 달라졌습니다. 지금 저에게는 몇 년은 고사하고 몇 개월의 시간조차 남아 있지 않습니다. 고작 몇 개월도 말입니다. 저는 곧 있으면 저의 재판장이 되실 창조주 하나님을 만나야 합니다. 한참 나중이 아니라 곧 말입니다. 저의 허물을 회개해야 하고, 비뚤어진 것은 바로 잡아야 하고, 생활도 깨끗이 청소를 해야 하는데 그럴 시간이 없습니다.

그래서 전 지금 이렇게 잔뜩 겁에 질려 있습니다.

그렇기 때문에 난생 처음으로, 저는 은혜에 대해서 설교하면서 제가 무슨 말을 하고 있는지를 이제 조금 알게 되었습니다. 저는 제가 설교하고 있는 은혜를 믿어야 할 뿐 아니라 그 은혜 위에서 안식하고, 그 은혜를 의지하고, 또 그 은혜 안에서 저의 길을 걸어가야 합니다. 이런 와중에 저는 성경 전체에서 가장 간결하면서도 가장 강력한 말씀 한 부분을 기억하게 되었습니다.

제가 오늘 설교 본문으로 로마서 5장을 선택한 이유가 본문에 나오는 것처럼 환난이 인내를, 인내가 연단을, 연단이 소망을 낳는다는 근사한 말씀 때문이라고 생각하실 분도 계실지 모르겠습니다. 물론 이 말씀은 아름답고 참됩니다. 그러나 지금의 저와는 별로 상관이 없는 말씀입니다. 저는 그렇게 힘든 고난을 겪어 보지도 않았고, 또 제 소망이 연단을 통해 생겨났다고 주장할 자신도 영 없습니다. 오히려 여러분들 중에 연단이나 고난에 대해서 저보다도 잘 아는 분들이 많으실 것입니다.

제가 로마서 5장으로 눈을 돌리게 된 이유가 이 연단을 향한 아름다운 연결고리의 말씀 때문이 아닙니다. 오히려 6절과 8절의 유독 제 눈에 밟히는 작은 단어 하나 때문입니다. 헬라어로 "에티"(*eti*)라는 단어, 이 단어 하나가 제 영혼에 중대한 위안을 가져다 주고 있습니다. 이 단어는 "아직" 혹은 "여전히"라는 의미를 갖고 있습니다. 이 단어는 죄와 은혜, 그 둘 사이에 엄청난 차이를 만듭니다. 바울은 "우리가 아직(*eti*) 죄인 되었을 때에, 그리스도께서 우리를 위하여 죽으셨다"고 기록하고 있습니다. 바울은 우리에게 아직 약하고 부족함에도 불구하고 우리를 찾아오셨던 그리스도를 향해 경외감을 품을 것을 기대했습니다. 우리가 이 말씀을 제대로 이해하도록 하기 위해서 그는 이 단어를 문법을 무시해 가면서까지 6절에서 두 번 거듭 사용합니다. "아직(*eti*) 우리가 아직(*eti*) 연약할 때에 기약대로 그리스도께서 경건치 않은 자를 위하여 죽으셨도다."

저는 육체적으로 약합니다. 그러나 그것이 제 최대의 약점은 아닙니다. 지난 반 년 동안의 시간은 저의 치명적 약점이 제 육신이 아니라 제 영혼에 있다는 사실을 보게 만들었습니다. 그래서 오늘 저는 저 자신에게 '하나님께 어떻게 나를 설명할 것인가?', '하나님이 부르신 목적대로 내가 살아왔는가?' 하는 질문을 던지게 됩니다.

물론, 그 질문에 제가 답을 할 수 없다는 것이 두려운 사실입니다. 바울이 언급하고 있는 "아직"이 있어야 할 연약함, 즉 우리가 "아직" 연약할 때에, 우리가 "아직" 죄인되었을 때에, 우리가 "아직" 하나님과 원수되었을 때에, 우리는 그 아들의 죽음을 통해 하나님과 화해되었습니다. 저는 이런 식으로 우리에게 사랑을 부어주신 하나님의 그 놀라운 은혜를 생각할 때, 도저히 그 사랑의 심오함을 가늠할 수 없습니다. 다른 어느 곳에도, 다른 어떤 길에도 일말의 소망조차 없다는 것을 생각할 때 이것은 하나님이 하신 일임이 분명합니다. 저는 이제 분명히 알게 되었습니다. 그리고 이제 분명히 보았습니다. 이 세상의 소망은 오로지 하나님의 은혜 안에서만 발견할 수 있음을 이제 분명히 알게 된 것입니다.

　죽는다는 것이 과연 무엇을 뜻하는 것인가 하는 질문에 직면해서야 저는 이 진리를 깨닫게 되었습니다. 그간 우정을 나눠왔던 제 동료들은 앞으로 1년 혹은 3년, 아니 20년 동안 살면서 다시 서로 만나곤 하겠지만 저는 그 자리에 함께 하지 못할 것입니다. 대화조차 나눌 수 없을 것입니다. 그들의 삶은 계속될 것입니다. 교회는 새로운 은사와 촉망받는 목사님을 청빙할 것이고 저는 서서히 여러분의 생각과 기억에서 사라지게 될 것입니다. 제가 몇 개월 전 이런 말을 제 친구에게 하자 그 친구는 저에게 시편 103편 15-16절의 매서운 말씀을 상기시켜 주었습니다. "인생은 그날이 풀과 같으며 그 영화가 들의 꽃과 같도다. 그것은 바람이 지나가면 없어지나니, 그 있던 자리도 다시 알지 못하거니와." 태어나서 처음으로 이 말씀이 뼈에 사무치게 다가왔습니다.

　밀러 윌리엄스는 "빛에 적응하며"라는 시에서 예수님이 나사로를 살리신 직후 나사로의 친구들과 이웃들이 느낀 어색함과 난감함을 시적으로 표현하고 있습니다. 사람들은 나흘이나 된 나사로의 죽음을 이미 일상으로 받아들이고 자신들의 생을 살아갑니다. 그런데 죽었던 나사로가 다시 살아 돌아오자 사람들은 나사로를 어떻게 받아들여야 할지 난감해 합니다.

　여보게 나사로, 자네에게 할 말이 있네.
　자네가 시장에 가져가려 했던 양은 우리가 잡아먹었다네.

자네의 늙은 개도 기를 수 없었지 뭔가.
그 개는 자네 앞에선 얌전했지만 우리를 보기만 하면 짖어대잖나.
이틀을 꼬박 울던 리브가는 신발장수 아들에게 가고 말았네.
예수님이 이런 일을 하실 줄 누가 알았겠나, 글쎄.
우리를 이해해 주게나.
우리는 자네가 돌아와서 너무 기쁘다네.
하지만 우리에게 생각할 시간을 좀 주게.
우리가 얼마나 놀랐을지 상상을 해보게나.

우리가 벌여 놓은 일들에 대해선 정말 미안하다고 말하고 싶으이.
아참, 한 가지 더,
자네의 수금(竪琴)도 내다버렸다네.
허나 여보게, 자네 양은 얼마든지 물어주겠네.
개도 말일세.
그리고 자네 방은 원래대로 꼭 해놓음세!

밀러 윌리엄스는 정곡을 찌르고 있습니다. 불과 며칠이 지났을 뿐인데 나사로의 고향은 그를 잊어버렸습니다. 암에 걸리기 전 저는 밀러 윌리엄스의 시를 즐겨 읊었는데 이제 제가 그 시의 주인공이 되어버렸군요! 저를 믿으십시오. 소망은 우리의 유산에 달려있는 것이 아닙니다. 장수(長壽)에 달려있는 것도 아닙니다. 우리의 인격이나, 직업이나, 정치관이나, 자녀들이나, 선행에 있는 것도 아닙니다. 소망은 "아직"에 달려있습니다.

그러니 여러분, 제가 앞으로 설교 시간에 제 암에 대해 언급하지 않더라도 놀라지 마시기 바랍니다. 가장 중요한 것부터 먼저 해야 할 것 같아 7개월 만에 돌아온 첫 주일, 저는 제가 꼭 드려야 할 말씀을 드리고 있는 것입니다. 그러나 오늘 이 자리에서 제가 말씀드려야 할 것은 저에 대한 이야기가 아닙니다. 저는 관심의 대상이 아닙니다. 왜냐하면 제 이야기 아니, 우리의 이야기의 중심은 예수 그리스도의 은혜가 어떤 암이든지, 어떤 이혼이든지, 어떤 죄든지, 어떤 어려움이든지를 막론하고 우리를 안고 가신다는 사실이기 때문입니다. 기독교의 복음은 예수님의 이야기이고 그것이야말로 제가 전하도록 부름을 받은 이야기입니다.

저는 죽어가고 있습니다. 혹시 좀더 시간이 연장될지도 모르겠습니다. 어쩌면 앞으로 몇 달 더 설교를 할 수 있을지도 모르겠고, 아니 그보다도 좀더 오래 할 수 있을지도 모르겠습니다. 그러나 저는 죽어가고 있습니다. 저는 그 사실을 잘 알고 있고, 그것 때문에 몸서리쳐지고, 그리고 겁이 납니다. 그러나 제게는 흔들리지 않는 소망이 있습니다. 제게는 제가 이룬 어떤 일이나, 제가 행해 온 깨끗한 행실이나, 제가 했던 설교에도 근거하지 않은 소망이 있습니다. 저는 하나님 안에 소망을 두고 있습니다. 원수를 멸하시고, 죄인을 구원하시며, 약한 자를 위해 대신 죽으신 하나님께 말입니다.

그것이 복음이며 저는 그 복음에 제 목숨을 걸었습니다. 저는 그래야만 합니다. 여러분도 그렇게 하셔야 합니다.

내 아버지 집에 거할 곳이 많도다

Copyright ⓒ 새물결플러스 2010

1쇄 발행	2010년 7월 9일
개정1쇄 발행	2022년 1월 10일
개정2쇄 발행	2023년 5월 19일
엮은이	마이클 부쉬
옮긴이	김요한
펴낸이	김요한
펴낸곳	새물결플러스
편 집	왕희광 정인철 노재현 이형일 나유영 노동래
디자인	황진주 김은경
마케팅	박성민 이원혁
총 무	김명화 이성순
영 상	최정호 곽상원
아카데미	차상희
홈페이지	www.holywaveplus.com
이메일	hwpbooks@hwpbooks.com
출판등록	2008년 8월 21일 제2008-24호
주 소	(우) 04114 서울시 마포구 신촌로28가길 29
전 화	02) 2652-3161
팩 스	02) 2652-3191

ISBN 979-11-6129-227-4 03230

책값은 뒤표지에 있습니다.